FORMAÇÃO DE PROFESSORES E REPRESENTAÇÕES SOBRE O BRINCAR

Dados Internacionais de Catalogação na Publicação (CIP)
(Câmara Brasileira do Livro, SP, Brasil)

Loro, Alexandre Paulo
  Formação de professores e representações sobre o brincar / Alexandre Paulo Loro. -- 1. ed. -- São Paulo : Ícone, 2010. -- (Coleção conhecimento e vida / coordenação Diamantino Fernandes Trindade)

  ISBN 978-85-274-1115-8

  1. Atividades criativas 2. Brincadeiras 3. Jogos infantis - Educação 4. Professores - Formação profissional I. Trindade, Diamantino Fernandes. II. Título. III. Série.

10-04869 CDD-371.397

Índices para catálogo sistemático:

1. Professores : Formação : Representação sobre o brincar : Educação   371.397

Alexandre Paulo Loro

FORMAÇÃO DE PROFESSORES E REPRESENTAÇÕES SOBRE O BRINCAR

Coleção Conhecimento e Vida

Coordenação
Diamantino Fernandes Trindade

1ª edição
Brasil – 2010

© Copyright 2010
Alexandre Paulo Loro
Direitos cedidos à Ícone Editora Ltda.

Coleção Conhecimento e Vida

Coordenação
Diamantino Fernandes Trindade

Diagramação
Richard Veiga

Revisão
Juliana Biggi

Proibida a reprodução total ou parcial desta obra, de qualquer forma ou meio eletrônico, mecânico, inclusive através de processos xerográficos, sem permissão expressa do editor (Lei nº 9.610/98).

Todos os direitos reservados pela
ÍCONE EDITORA LTDA.
Rua Anhanguera, 56 – Barra Funda
CEP 01135-000 – São Paulo – SP
Tel./Fax.: (11) 3392-7771
www.iconeeditora.com.br
e-mail: iconevendas@iconeeditora.com.br

SOBRE O AUTOR

Alexandre Paulo Loro é licenciado em Educação Física pela Universidade Federal de Santa Maria (UFSM). É Especialista em Gestão Educacional e Mestre em Educação Brasileira pela mesma instituição. Desenvolve trabalhos na linha: Formação Docente, Saberes e Desenvolvimento Profissional.

Autor e apresentador de dezenas de artigos e trabalhos científicos completos em Seminários Nacionais e Internacionais de Educação e Educação Física.

Atuou em várias escolas particulares e públicas (municipais e estaduais) nos Estados de Rio Grande do Sul e Santa Catarina.

No presente momento é Professor Assistente do Departamento de Educação da Universidade Federal de Mato Grosso do Sul (UFMS) – *campus* do Pantanal, onde atua como coordenador do curso de Educação Física.

Em nossa cultura parece que devemos ensinar valores, espiritualidade, honestidade e justiça de maneira explícita, porque vivemos numa cultura que nega estas dimensões do viver cotidiano, e as crianças não têm oportunidade de aprendê-las ao vivê-las.
Humberto Maturana

SUMÁRIO

1. ONDE TUDO COMEÇOU, 9
   1.1 Recordando e descrevendo uma trajetória, 10
   1.2 Partir e conhecer: a saída de casa, 15
   1.3 Reformulando os planos, 19
   1.4 Pesquisar para quê?, 27

2. CULTURA E EDUCAÇÃO, 31
   2.1 Reestruturando a maneira moderna de pensar, 31
   2.2 Dilemas docentes e a necessidade de mudanças, 39
   2.3 As novas imagens docentes e a formação de professores, 45
   2.4 O interesse em aprender – a Formação Contínua do professor, 52

2.5 Um primeiro passo: o diálogo entre as diferentes disciplinas, 56
2.6 Uma atividade espontânea e legítima, 66

3. O Caminho Percorrido, 79
   3.1 As Contribuições da teoria das Representações Sociais, 80
   3.2 A produção de informações na pesquisa: análise e procedimentos, 90

4. O Brincar nas Representações das Professoras – Dialogando com as Ideias de Humberto Maturana, 93
   4.1 O brincar para Luiza, 94
   4.2 O brincar para Maria Eduarda, 111
   4.3 O brincar para Ana, 128
   4.4 O brincar para Alessandra, 146
   4.5 O brincar para Rê, 166

Considerações Finais, 175

Referências Bibliográficas, 181

Capítulo 1

ONDE TUDO COMEÇOU

Quero

Quero ver o sol atrás do muro
Quero um refúgio que seja seguro
Uma nuvem branca sem pó, nem fumaça
Quero um mundo feito sem porta ou vidraça

Quero uma estrada que leve à verdade
Quero a floresta em lugar da cidade
Uma estrela pura de ar respirável
Quero um lago limpo de água potável

Quero voar de mãos dadas com você
Ganhar o espaço em bolhas de sabão

Escorregar pelas cachoeiras
Pintar o mundo de arco-íris

Quero rodar nas asas do girassol
Fazer cristais com gotas de orvalho
Cobrir de flores campos de aço
Beijar de leve a face da lua
Thomas Roth

1.1 Recordando e descrevendo uma trajetória

Toda pessoa vive em sua trajetória inúmeras situações marcantes, as quais são recordadas com saudosismo e nostalgia, ou não. Escrever sobre a nossa própria trajetória e relacioná-la com a formação é algo que nem sempre é fácil, pois como afirma Freire (1993) a formação é uma ação de construção de si mesmo, um processo aonde cada pessoa vai se reconhecendo ao longo de sua história e se transformando através das interações com outras pessoas e com o contexto sociocultural em que vive.

Fazer o exercício de recordar acontecimentos é muito mais que apenas lembrá-los, pois a memória é uma coisa viva, como muito bem coloca Larrosa (1994). Este autor afirma o que somos, ou melhor, o sentido de quem somos, as histórias que contamos, especialmente as que contamos a nós mesmos.

O que venho a escrever, nessas páginas iniciais, é apenas um recorte de algo muito maior, que é a minha vida, mas de grande importância para entender o percurso desencadeado para chegar à elaboração deste livro. Por isso, nada mais oportuno que iniciar o capítulo fazendo referência à minha infância. Ao localizar/contextualizar de onde venho, o leitor poderá ter melhor compreensão para onde pretendo ir com as minhas discussões.

Vivi minha infância longe de grandes centros urbanos. Proveniente de uma região colonizada por migrantes gaúchos, na metade do século passado, num pequeno município do interior do extremo-oeste catarinense, chamado Bandeirante, na época, distrito de São Miguel do Oeste. Lá não tinha acesso às "coisas" das grandes cidades, no entanto, havia tranquilidade e paz, características típicas de lugares pequenos e interioranos, onde todos praticamente se conhecem.

A infância, vivida no interior de uma cidade do interior, em meio às lavouras e campos, permitiu algumas experiências, as quais hoje não as percebo mais com frequência entre as crianças: espaço e liberdade para brincar harmoniosamente, em meio à "natureza", conforme citado na epígrafe que inicia este capítulo. O subir e o descer das árvores para apanhar as frutas, o balançar nos cipós, a pescaria nos açudes e rios limpos, seguida por gostosos banhos, a correria em meio aos potreiros até perder o fôlego, o suspense do esconde-

-esconde, no mato, permitia-me brincar até cansar e saciar a vontade. Alguns aromas e sabores que sinto hoje me remetem àquela época.

As famílias eram geralmente numerosas. A minha, em particular, é formada por seis irmãos, todos mais velhos que eu. Isso possibilitava o divertimento de grandes grupos de meninos e meninas, somados aos vizinhos e amigos. Muitos jogos eram vivenciados, a maioria deles coletivos, sendo os nossos preferidos: pegador, caçador, bets, jogos com bola (inclusive o futebol), entre outros – fizesse chuva ou fizesse sol, estávamos todos juntos. Inclusive a chuva não era motivo para desmotivação, pelo contrário, a brincadeira tornava-se ainda mais atraente. Naqueles dias, tínhamos três opções: brincar na chuva (nossa preferida e geralmente vetada pelos pais), brincar dentro de casa (também geralmente vetada, por ter quebrado vários vidros com a bola) ou brincarmos em algum galpão (todas as famílias tinham um). Confesso que as duas primeiras alternativas eram unânimes de preferência entre os participantes.

Muitos brinquedos eram construídos por nós mesmos, a exemplo dos carrinhos de madeira, pernas-de-pau, cordas de pular e bodoques. Os recursos financeiros de quem vive da agricultura familiar geralmente são pequenos, por esse motivo, dificilmente, alguém ganhava algum brinquedo novo. Quando um brinquedo era comprado, cuidávamos muito para usá-lo e não quebrá-lo. Deveria durar e, se possível, ser passado de irmão para irmão.

A minha infância foi marcante pelas brincadeiras ao ar livre e em grupo, mas não dispunha de todo tempo do mundo para isso. O brincar era um tempo destinado geralmente ao final do dia e final de semana. Durante a semana, havia uma série de outras atividades a serem realizadas. Imaginava que o dia era dividido em três momentos:

- O primeiro momento era quando acordava e caminhava até a escola, onde permanecia por toda manhã.
- O segundo momento era de ajudar os meus pais nas tarefas da propriedade (casa, lavoura, pecuária, etc.) depois do almoço. Funções eram delegadas e sempre alguém era responsável por alguma atividade específica. Esse ambiente proporcionou, desde cedo, uma chamada à iniciativa e responsabilidade.
- O terceiro e último momento era o final do dia, quando brincava até anoitecer. Em seguida, entrava em casa para jantar, fazer as tarefas da escola e ter mais uma boa noite de sono.

Acredito que essa rotina de simplicidade e responsabilidade tenha refletido no gosto pelos estudos escolares, que iniciei em 1986, quando ingressei em uma escola municipal "multisseriada", com poucos alunos.

Ir para as aulas era um motivo de grande alegria. Andávamos a pé até a escola e, no caminho, apanhávamos muitas flores para dar à professora. Todo dia tinha um grande buquê em sua mesa. Lembro-me que as quatro séries (1ª a 4ª série) eram organizadas em colunas, ficando todos os alunos na mesma sala. À medida que se desenvolvia e se terminava determinada atividade, podia-se prestar atenção e acompanhar o conteúdo das demais séries, o qual estava escrito e dividido por linhas de giz branco no quadro negro.

Havia também uma caixa com muitos chinelos. Cada aluno tinha o seu par, o qual deveria ser usado dentro da sala para mantê-la limpa – inclusive nós a limpávamos; lembro da horta, que era cuidada pelos pais e pelos alunos; a pracinha, com seus balanços, embalavam um clima de festa no recreio.

Tive, nos primeiros quatro anos da educação básica, sempre a mesma professora, a quem tinha muito apego. O trabalho desenvolvido por ela era geralmente aprovado pelos pais, pois a pessoa da professora era considerada uma autoridade local. Lembro-me que raramente faltava às aulas, pois estar na sala de aula era um momento importante, a tal ponto de guardar até hoje os cadernos, os desenhos, os trabalhos e as provas de toda vida escolar.

Em 1990, fui para uma escola estadual, onde cursei da 5ª a 8ª série. Em todo o começo e final de ano letivo, tínhamos de ir caminhando cerca de três quilômetros, pois o transporte escolar, para que fosse disponibilizado, exigia uma luta da comunidade com a prefeitura. Confesso ter poucas lembranças desse período colegial. Recordo que fiquei bastante confuso e tive dificuldades em entender tantas disciplinas, com tantos professores diferentes. Em relação às aulas de Educação Física, lembro-me que gostava de estar junto com o grupo, mas não gostava de ser sempre um dos últimos a ser escolhido nos jogos, isso quando escolhido. Queria concluir o ginásio para sair de casa e ter novas oportunidades, conhecer pessoas e lugares diferentes. Assim aconteceu com todos meus irmãos, e comigo não podia ser diferente. Saí de casa, pela primeira vez, aos quatorze anos de idade para morar em um Seminário de Ordem Religiosa.

1.2 Partir e conhecer: a saída de casa

Em 1994, iniciei o Ensino Médio, na cidade de Canela/RS, no Seminário da Congregação Católica dos Servos da Caridade. Essa escolha deu-se por algumas influências: a de ouvir, com satisfação, os relatos das experiências de um de meus irmãos que lá viveu por seis anos, bem como de muitos outros parentes que passaram por alguma Ordem Religiosa, durante determinado tempo de suas vidas, inclusive de duas tias que são freiras e apoiavam essa ideia. Não tive dificuldade de adaptação, passando muito rápido aqueles três anos em que estive na "Casa São José". Ia para casa somente nas férias e me comunicava com os familiares através de cartas, hábito que tenho até hoje, porém, com menor dedicação. Todo dia, no final da tarde, ia conferir com muita ansiedade se havia alguma correspondência.

O dia na instituição era organizado com muitos horários e compromissos, principalmente, aos finais de semana. A formação humana, afetiva e religiosa era orientada por alguns eixos: oração, trabalho, estudos, lazer e "afetividade controlada". Esta "cadeira de cinco pernas" sustentava a nossa formação na instituição, por isso, irei descrevê-la brevemente a seguir:

1. Obviamente, o Seminário enfatizava muito a oração – a capela interna deveria ser visitada diariamente por todos no início e no final do dia. Havia missa diária no final da tarde. Preces eram feitas espontaneamente antes das refeições, como uma manifestação de agradecimento. Havia formação religiosa aos sábados pela manhã. A minha participação na comunidade, em grupos de oração, nas famílias, dias festivos, grupos de jovens, novenas, adorações, catequeses, romarias, procissões, liturgias, animação pastoral, cursos de liderança jovem, prestações de solidariedade, projetos assistenciais, etc., permitiu que pudesse ser mais desinibido e desenvolto. Do tempo em que se "fazia da vida uma oração a Deus", tenho imensa saudade, no sentido

de ter a oportunidade em desacelerar o ritmo para (re)pensar um pouco mais sobre a vida. Era um momento de planejamento e reflexão, quando sonhava acordado com um "projeto de vida", algo que hoje fazemos com menor frequência, devido ao excesso de afazeres cotidianos.

2. O tempo destinado ao ócio era muito pequeno, extremamente limitado, por isso o trabalho nos mantinha ocupados. A cada semestre, novas equipes eram formadas para as mais diversas tarefas da instituição, o que proporcionou o aprendizado de certas habilidades na cozinha, lavanderia, gráfica, horta, pomar e pecuária. Equipes eram revezadas, semanalmente, no zelo pela higiene do prédio, bem como na lavação da louça, pós-refeições. Tudo isso me ajudou a ser uma pessoa mais organizada e flexível às novidades.

3. Grande ênfase era dada aos estudos, tidos com referência por ser "forte e sério". Sabia que, se quisesse aprender mais, seria através do esforço pessoal e não por fruto do acaso. Por isso, estava frequentemente com os livros nas mãos. Além da biblioteca da escola, havia, na instituição, mais duas: uma com livros espirituais e de autoajuda, e outra de conhecimentos universais. Aulas de italiano, violão,

harmônio e datilografia eram proporcionadas a todos os interessados.

4. Como opção de lazer, passeios eram organizados nos finais de semana, para que pudéssemos conhecer lugares diferentes e jogar futebol com times da região. Durante a semana, no intervalo, depois do almoço, assistia ao Globo Esporte para ver os gols da rodada dos campeonatos. Em seguida, corria para o campo com uma bola debaixo do braço. Nos sábados, à noite, todos se reuniam na sala de vídeo, para assistir filmes criteriosamente selecionados. Muitas atividades físicas eram praticadas por estar à disposição boas instalações: piscina, ginásio de esportes, campo de futebol e sala de jogos- eu sempre estava em um desses lugares, nos pequenos intervalos.

5. A cobrança, para ser um exemplo em tudo, era grande, por isso, havia a necessidade de se trabalhar a afetividade. Pelo diálogo, era orientado a "cultivar as virtudes": falar corretamente, chamar todos pelo nome, ser uma pessoa humilde, solidária, disponível, respeitosa, honrada, disciplinada e de bom caráter. Era estimulado a persistir, a manter-me motivado para não desanimar e desistir, apesar das dificuldades. O convívio, em grupo, nem sempre é fácil, mas, por ter mais irmãos em casa, aprendi, desde cedo, a repartir, aceitar opiniões e gênios diferentes.

Em 1997, fui para o Seminário Maior em Porto Alegre – RS. Pela manhã, deslocava-me à Faculdade de Filosofia Imaculada Conceição (FAFIMC), em Viamão/RS, para cursar Filosofia, hoje, atual Campus II da PUCRS. À tarde, meu compromisso era com as atividades educacionais junto às crianças da periferia atendidas no Educandário São Luis. Infelizmente, não pude concluir o curso de Filosofia por ter me retirado da Congregação. Quero frisar que os anos todos que vivi, naquele ambiente, foram significativos em minha formação e ainda hoje me flagro, com frequência, pensando naquilo de bom que lá aprendi. Tenho ótimas recordações.

Em seguida, trabalhei como técnico em telefonia por quase dois anos (1998-1999). Queria estudar, mas não conseguia conciliar os horários por viajar muito. Por onde passei, conheci muitas culturas e pessoas diferentes. No entanto, não estava satisfeito com minhas atuais atividades. Faltavam oportunidades. Não me identificava com o ofício e tampouco era o que buscava. Via, em todos os lugares, pessoas indo estudar com as suas pastas – queria fazer o mesmo.

1.3 Reformulando os planos

Retornei à casa de meus pais, em São Miguel do Oeste/ SC, no final do ano de 1999. Lá permaneci por alguns meses. No início de 2000, fui convidado a trabalhar na cidade de Santa Maria, interior do Rio Grande do Sul. Minha função seria monitorar as crianças do Apoio Sócio-educativo em Meio Aberto (ASEMA), de uma Instituição Assistencial chamada "Cidade dos Meninos", a qual fazia parte da mesma sociedade mantenedora que a do Seminário em que estive por quatro anos. Não pensei duas vezes, aceitei prontamente. Sabia que, nas proximidades, existia uma universidade pública – a Universidade Federal de Santa Maria (UFSM). Era a oportunidade que precisava para retomar os meus estudos.

A Cidade dos Meninos foi um recomeço e um ambiente em que aprendi muito. Por três anos e meio morei lá, trabalhando com as crianças nos turnos vespertino e noturno. Pela manhã, saía para me preparar para o vestibular. Tarde da noite e finais de semana eram os momentos em que atualizava as principais leituras. Inscrevi-me no vestibular para o curso de Educação Física, mas também tinha vontade de fazer o curso de História. A opção pela licenciatura aconteceu por ter como principais referências profissionais, desde a infância, o professor e o religioso. O aspecto de forte aproximação com as ciências humanas e o convívio em coletividade também ajudaram na decisão. Inclusive, muitos de meus colegas da mesma época, com trajetórias parecidas, hoje também são professores.

No ano de 2001, passei no concurso vestibular para Educação Física; durante o curso, não dispunha de muito tempo para participar dos grupos de estudos ou para participar de seminários por estar trabalhando. Em contrapartida, isso me possibilitou desenvolver vários projetos de ensino e extensão dentro da Cidade dos Meninos, unindo a teoria com a prática. Desde o primeiro semestre, esboçava um projeto, o qual veio a ser contemplado com uma bolsa de estudos da universidade em seguida, no segundo semestre. Esse primeiro projeto oportunizou a ida de vários colegas de curso à instituição para desenvolver trabalhos relacionados à área. Essa troca foi uma experiência relevante em minha formação docente.

Em 2003, na metade do curso de Educação Física, não consegui mais conciliar trabalho e estudos. Nesse momento, tive que ir morar na Casa do Estudante Universitário (CEU II) da UFSM. Com essa mudança, adquiri mais tempo para dedicar-me aos laboratórios, aos estágios extracurriculares e à pesquisa.

No decorrer dos últimos anos do curso de Educação Física, ficava na expectativa de voltar a trabalhar. Ao ingressar num curso superior de licenciatura, senti que havia escolhido uma profissão repleta de dificuldades, e uma das perguntas que fazia com frequência era se iria conseguir emprego depois de formado. Muitos demoram anos para conseguir um trabalho.

Comecei a participar de grupos de estudos, a organizar eventos, a monitorar disciplina do curso (Fundamentos da Educação Física II) e a dedicar-me com maior afinco aos assuntos relacionados com a educação, pois as minhas leituras preferidas eram em relação a essa área do conhecimento. Nunca tive o porte de um atleta. Até concluir a licenciatura, permaneci a maior parte do tempo no laboratório de Pedagogia do Centro de Educação Física e Desportos (CEFD). Lá, pela primeira vez, tomei conhecimento sobre a teoria das Representações Sociais.

Cada vez mais, participava de eventos nacionais e internacionais, fosse como participante, ou como apresentador de trabalhos científicos na área da educação ou Educação Física. Fui por três anos consecutivos, sempre com projetos diferentes, bolsista do Programa de Licenciatura (PROLICEN). No mesmo período, desenvolvi trabalhos na Escola Pão dos Pobres de Santo Antônio e na Instituição Recanto da Esperança, ambos no município de Santa Maria – RS.

No sexto semestre da graduação, cursei a disciplina de Administração Escolar. Ela era ministrada por um professor que trabalhava de um modo um tanto diferenciado dos demais colegas de trabalho. Até então, eram raros os momentos, no decorrer do curso, em que algum professor perguntava a seus alunos sobre o que o texto nos levava a pensar e não somente ao que o autor nos dizia (LARROSA, 2000). Suas aulas abriam margem para profundas discussões, a tal ponto de até discordar com o que estava escrito nos livros. Não estava acostumado com aquele modo de reflexão. Geralmente, pensamos pelos outros e não por nós mesmos. Percebi que somos responsáveis pela nossa própria formação e que é importante acreditar em uma educação delineada pela reflexão, responsabilidade e confiança.

Em 2005, último semestre letivo do curso, decidi retornar a São Miguel do Oeste-SC para desenvolver o estágio profissionalizante na escola La Salle Peperi. O principal motivo de ter optado por esse campo de estágio foi por ter me identificado no decorrer do curso com as disciplinas pedagógicas. O trabalho que veio a ser desenvolvido foi com uma turma de Educação Infantil. Foi um desafio que aceitei. Em minha formação acadêmica, tive apenas uma única disciplina que abordou questões relacionadas ao universo infantil. Nunca tinha trabalhado com crianças de seis anos de idade, até então. As experiências vivenciadas, naquele ambiente, foram oportunas para refletir sobre a minha formação docente e atuação profissional. Percebi o quanto ainda tinha de aprender com os "pequenos" e sobre a importância das relações proporcionadas pelas brincadeiras. Dei-me por conta do valor do brincar na vida da criança, da importância de se trabalhar de forma integrada com professores de outras áreas do conhecimento e de seus saberes para o desenvolvimento profissional.

A escolha da cidade, em que realizei o estágio profissionalizante, não se deu simplesmente por acaso. O principal fator motivante, além da família, foi por querer ficar mais próximo de minha namorada – a

Quelim. Ela sempre me apoiou durante todos os anos de idas e vindas, de uma cidade a outra; assim, não poderia deixar de registrar a sua importância neste trabalho e na minha vida.

Concomitante ao Estágio Profissionalizante, trabalhei, como professor admitido, em caráter temporário (ACT) no Ensino Fundamental. O local era uma escola de um município da região extremo-oeste catarinense, emancipado há poucos anos. Esta localidade foi onde passei a minha infância. Depois de tantos anos, tive a oportunidade de regressar e trabalhar com alguns antigos amigos e professores. Pude constatar que, no decorrer de todos esses anos que estive fora, muitas mudanças ocorreram em relação à estrutura física da escola. Em contrapartida, percebi que algumas questões ainda não haviam mudado no ensino. Deparei-me com situações que, a meu ver, pouco ajudavam na melhoria do processo de aprendizagem dos alunos, por exemplo: a resistência de alguns colegas, principalmente, os efetivos da rede, em persistirem de seguir um modelo educacional disciplinador. As aulas de Educação Física, tidas como sinônimo de esporte, expressavam pouca relevância para muitos alunos e professores, conforme pesquisa realizada.

Ao concluir o curso de Educação Física, em setembro de 2005, estava ansioso para o teste seletivo do curso de Mestrado em Educação da UFSM. Era um sonho que cresceu comigo durante os quatro anos de licenciatura. Quando ingressei nessa universidade, acreditava que estaria capacitado para lidar com qualquer adversidade do cotidiano escolar, uma vez que teria concluído o curso. Contudo, percebi, com o tempo, que somos sujeitos permanentemente inacabados (FREIRE, 1996) e que nunca estamos completamente preparados para nada.

Inúmeros desafios e incertezas apresentam-se à prática pedagógica e continuar estudando é uma necessidade. A complexidade que permeia o universo escolar é muito grande. As mudanças ocorrem rapidamente e, na maioria das vezes, não conseguimos acompanhá-las. Isso me levou a questionar/repensar sobre a minha postura enquanto professor. Diante de tantas perguntas sem respostas, de tantas mudanças (tecnológicas e de pensamento) e da provisoriedade do conhecimento, nada mais oportuno que discutir algumas questões que poderiam ser mais bem aprofundadas através de um curso direcionado à educação.

Em 2006, ingressei no Programa de Pós-Graduação em Educação (PPGE), da UFSM, Linha Formação Docente, Saberes e Desenvolvimento Profissional. Comecei a participar do Grupo de Estudos e Pesquisas em Educação e Imaginário Social (GEPEIS). Minha inserção no grupo possibilitou experiências que contribuíram para uma formação mais crítica, flexível e compreensiva para as questões pedagógicas. Num primeiro momento, com certo estranhamento, ficava observando, escutando para ver se entendia o que estava acontecendo. Encontravam-se ali pessoas de várias áreas, com tantos projetos e ideias diferentes. Demorei certo tempo para perceber as relações existentes entre todos os trabalhos. É claro que, através da "Quitanda Cultural", pude ter um melhor entendimento sobre vários aspectos relacionados à formação docente.

Acredito que o GEPEIS não era apenas um grupo de pessoas que se reuniam para realização de pesquisas, atividades complementares, espaço para debates referentes à formação de professores, imaginário social, memória docente e histórias de vida, etc. era, e ainda é, muito mais que isso. É um espaço onde todos podem se expressar. A diversidade é valorizada, trajetórias de vida e formações acadêmicas, tão diversas, são ouvidas. Isso possibilita uma formação profissional muito rica. Quem ali ingressa é contagiado pela união do grupo. Não são apenas colegas, são amigos. Os espaços de convívio ultrapassam os muros da Universidade. Mesmo quem vai embora permanece em contato. Sempre será uma referência positiva.

Sobre a "Quitanda Cultural" que citei logo acima, é um projeto-evento que tem por objetivo criar um território de diálogo entre diferentes formas de conhecimentos, saberes e fazeres, estabelecendo, para isso, encontros de diferentes linguagens e sentidos. É um espaço de construção cultural em tempos de pós-modernidade. É um entrelugar aberto a todos os alunos(as) de graduação, pós-graduação, professores(as) e funcionários(as) do Centro de Educação da UFSM, bem como pessoas da comunidade extra universidade.

A contribuição da "Quitanda Cultural", em relação à formação docente, pôde ser percebida em seus processos múltiplos e complexos, nas diferentes dimensões do ser, do saber e do fazer. A partir da conversação entre razão e emoção, entre o eu e o outro, entre o conceito frio e o saber afetivo, nasce uma forma diferente, solidária e ecológica de construir conhecimento, através da qual, mais importante que elaborar categorias e conceitos, constrói-se, coletivamente, um novo tipo de saber. Um saber que é construído não pela via da regulação e do controle, mas sim, no partilhamento e na prudência.

A cada dia, tinha mais convicção de que estava no lugar certo. No entanto, no decorrer deste percurso, muitas vezes (re)pensei sobre o meu projeto de dissertação. O tempo ia passando e, cada vez mais, novas interrogações surgiam. Mais leituras, mais encontros e mais dúvidas. Finalmente me convenci de que aquela ideia inicial, de fazer uma pesquisa sobre as representações dos professores sobre o brincar, era muito importante e não deveria ser silenciada.

1.4 Pesquisar para quê?

Como vocês, leitores, já devem ter percebido, a formação do professor é um processo de construção que se dá de maneira multifacetada, através de conhecimentos construídos social e culturalmente, às vezes de forma conflitante, divergente e até mesmo contraditória. Assim constatado, pretendo, a partir dos próprios relatos das professoras envolvidas nesse livro, contribuir para a linha Formação docente, saberes e desenvolvimento profissional.

Nesse sentido, o principal objetivo do estudo que resultou neste livro foi o de investigar representações e saberes que um grupo de cinco professoras possui sobre o brincar. Todas essas professoras, licenciadas em Educação Física ou Pedagogia, atuam nas séries iniciais do Ensino Fundamental (1ª a 5ª séries) na rede pública e privada de ensino de Santa Maria/RS.

Justifico a escolha das referidas professoras por acreditar que sejam essas profissionais as pessoas que mais se dedicam à atividade da "brincadeira" com as crianças no espaço escolar. Assumo, assim, a tentativa de manter um diálogo entre diferentes campos do saber, de maneira contextualizada e interdisciplinar.

Concomitante ao objetivo principal, também tenho como objetivos nesse livro: 1) buscar uma aproximação, com algumas das representações das professoras sobre o brincar preexistentes a sua formação inicial; 2) identificar as origens dos conhecimentos das professoras sobre o brincar, relacionados com a sua formação inicial e; 3) relacionar as representações das professoras com as contribuições do pensador chileno Humberto Maturana[1] sobre o brincar.

No próximo capítulo, faço uma reflexão sobre a maneira moderna de pensar e suas consequências para a formação de professores. Urge, então, a necessidade de mudanças das ações e imagens docentes.

No capítulo 3, discuto a importância de desenvolver um trabalho docente transdisciplinar. Destaco também o brincar como uma atividade espontânea da criança, sendo um território propício para a aprendizagem. Para melhor problematizar o tema, procuro dialogar com alguns autores, considerados referência na área educacional.

O capítulo 4 é dedicado à contribuição da teoria das Representações Sociais devido à sua importância no diálogo explicativo, o que possibilita uma ampla leitura do mundo individual/social. Em seguida, descrevo os procedimentos utilizados na investigação para a produção e análise das informações contidas nesse livro.

No capítulo 5, faço a análise das observações e informações produzidas, durante as entrevistas, bem como uma reflexão sobre elas, levando em consideração a interlocução com as ideias de Humberto Maturana.

---

[1] Pensador latino-americano de nacionalidade chilena. Estudou medicina na Universidade do Chile. Doutorou-se em biologia pela universidade de Harvard (EUA). Professor Titular da Faculdade de Ciências da Universidade do Chile. Professor na Universidade Metropolitana de Ciências da Educação no Chile. Professor do Instituto de Terapia Familiar de Santiago-Chile.

A ênfase, neste diálogo, com as ideias do referido autor, será dada aos aspectos relacionados ao brincar, como um "fundamento do humano", a partir da Biologia do amor.

No último capítulo, apresento as considerações finais sobre os aspectos analisados e interpretados, onde procuro destacar alguns pontos a serem considerados quando se pensa sobre o brincar na formação do professor.

Capítulo 2

CULTURA E EDUCAÇÃO

> *"Não digais nunca, é natural. A fim de que nada passe por imutável".*
> **Bertolt Brecht**

2.1 Reestruturando a maneira moderna de pensar

No cenário mundial, várias mudanças vêm ocorrendo em diferentes níveis (social, cultural, tecnológico). Dentro desse contexto, vive-se um momento oportuno para refletir sobre a educação, de modo especial, sobre a herança deixada pela ciência moderna a ela no decorrer do tempo.

Com o discurso de progresso, de certezas e de verdades, a ciência moderna estruturou métodos repletos de insuficiências. Com tal procedimento, reforçou-se a disjunção, a redução e a abstração do sujeito em relação ao objeto. Damásio (1996) percebe a utilização desses métodos como um grande erro, pois eles:

> *obscurecem as raízes da mente humana em um organismo biologicamente complexo, mas frágil, finito e único; obscurecem a tragédia implícita no conhecimento dessa fragilidade, finitude e singularidade. E, quando os seres humanos não conseguem ver a tragédia inerente à existência consciente, sentem-se menos impelidos a fazer algo para minimizá-las e podem mostrar menos respeito pelo valor da vida* (DAMÁSIO, 1996, p. 282).

A ciência é um conhecimento sistemático do universo físico, que anseia por uma nova visão de mundo, diferente e não fragmentada, uma visão que não pode mais ser compreendida como dominação e controle da "natureza".

A concepção de ciência vem sendo, aos poucos, redimensionada. Na busca por caminhos alternativos, ideias estão sendo revistas para que se possa fazer outra leitura mais abrangente de mundo. Nesse sentido, não posso deixar de mencionar algumas das ideias do pensador francês Edgar Morin (1992), ao destacar a tentativa da ciência moderna em querer reduzir a realidade ao que existe, bem como ao não cumprimento de algumas de suas principais promessas: dominação da natureza, justiça, igualdade, liberdade, paz, educação para todos, etc. Os estatutos racionais da modernidade são limitados, falíveis e distantes dos anseios das pessoas, uma versão, no mínimo, infeliz.

Parto do princípio de que as explicações científicas, como qualquer explicação, são sempre a reformulação das experiências do observador. Essas experiências se constituem como tal, à medida que são aceitas por uma comunidade de observadores, através de critérios de validação por eles mesmos estabelecidos. Magro et al. (1997) explica que, para compreender o afazer científico, é necessário, antes de tudo, compreender o observar e, com ele, o viver. Isto é, para falar com pertinência sobre o conhecimento devemos, antes de tudo, voltar nossa atenção para o próprio viver.

As ciências humanas não acumulam resultados definitivos, são um processo constante, assim, estão sempre (re)começando. Neste sentido, a educação, como processo permanente de construção humana, necessita abrir-se ao diálogo com outras áreas do conhecimento, saberes e fazeres, condição imprescindível para sair do isolamento e poder transitar em lugares, até então, desconhecidos ou pouco visitados.

A escolha do referido paradigma foi uma alternativa entre muitas outras possibilidades. O pensador português Boaventura de Sousa Santos (2002a), em sua obra intitulada: *A crítica da razão indolente: contra o desperdício da experiência,* propõe o paradigma de um conhecimento prudente para uma vida decente – um conhecimento prudente pós-moderno solidário de emancipação.

Ao reorganizar o que conhecemos por ciência, desencadeamos uma nova concepção, reconstruímos representações, realizamos uma reflexão epistemológica e diversificada sobre o conhecimento, e uma relação menos instrumental com a vida. Como sugere Boaventura de Sousa Santos:

> *Em vez da eternidade, temos a história; em vez do determinismo, a imprevisibilidade; em vez do mecanicismo, a interpenetração, a espontaneidade e a auto-organização; em vez da reversibilidade, a irreversibilidade e a evolução; em vez da ordem, a desordem; em vez da necessidade, a criatividade e o acidente* (SANTOS, 2002a, p. 70-71).

Com a intenção de valorizar as epistemologias marginalizadas e proporcionar uma nova percepção da realidade, o referido autor traz a "novíssima retórica" que proporciona a valorização do ser humano e de seu autoconhecimento. A reconstrução da retórica pode proporcionar a "reinvenção do conhecimento-emancipação", através de motivos, ações e da relação dialógica, por sua vez, voltados à solidariedade.

A solidariedade, de "vocação multicultural", é uma forma de conhecimento que se constrói via reconhecimento do outro e de seu saber. Quando isso não ocorre, quando os outros saberes do mundo não são considerados, em sua legitimidade, acabam por se tornarem conhecimentos desencantados e tristes (SANTOS, 2002a).

A sensibilização para as enormes carências de nosso pensamento vem sendo feita, há algum tempo, por vários pensadores, dentre eles Morin (1992). O autor afirma que o pensamento simplificador nos incapacita de conceber a conjunção do uno e do múltiplo. Por isso, destaca a unidade por via de uma epistemologia aberta, integrando a inventividade e a criatividade. Também traz à tona a discussão da complexidade do pensamento que, por sua vez, apresenta traços inquietantes de confusão, ambiguidade e incerteza. Em transformação incessante, apresenta-se numa relação de harmonia/desarmonia e ordem/desordem.

Em Morin (1992), é complexo o que é tecido junto e não pode resumir-se a uma palavra mestra, a uma lei ou a uma ideia simples. A própria contradição, uma de suas características, pode não significar necessariamente um erro, mas o atingir de uma camada profunda da realidade que, justamente por ser profunda, é difícil de ser traduzida para a nossa lógica.

Sabemos que a educação ainda é fortemente caracterizada pelo automatismo, abstracionismo, hiperespecialização e excessiva disciplinarização, o que vem a dificultar grande parte da diversidade. No entanto, diante das disposições gerais, atribuídas pela sociedade à escola, os professores dispõem de autonomia para lidar com as disciplinas, pois sempre têm a possibilidade de questionar a natureza de seu ensino e mudar seus conteúdos e seus métodos, sendo a liberdade, evidentemente, muito maior nas margens do sistema.

Quero destacar que tudo o que é ensinado é sempre selecionado e (re)elaborado, no interior de uma determinada cultura, permanecendo assim a ideia de algum valor. Neste sentido, acaba-se conservando/privilegiando alguns aspectos e esquecendo de outros. "A educação escolar não consegue jamais incorporar, em seus programas e seus cursos, senão um espectro estreito de saberes, de competências, de formas de expressão, de mitos e de símbolos socialmente mobilizadores" (FORQUIN, 1993, p. 16). Por isso, aquilo que é ensinado deve ter significado para que não se corra o risco de ficar na superficialidade. Isso nos remete a repensar o que trabalhar com os alunos, pois a escola sempre esquece e produz sua própria cultura.

Aproveito a contribuição de Nóvoa (2006) para destacar no que se transformou a ideia de educação escolar. No decorrer do tempo, concepções pedagógicas, psicológicas e sociológicas foram misturando-se com "ideologias de salvação":

> *a demissão das famílias e das comunidades das suas funções educativas e culturais ia transferindo para as escolas um excesso de missões. Para além do "currículo tradicional", vagas sucessivas de reformas foram acrescentando novas técnicas e saberes, bem como um conjunto interminável de programas sociais, culturais e assistenciais: educação sexual, combate às drogas, educação ambiental e ecológica, formação para as novas tecnologias, prevenção rodoviária [...]* (NÓVOA, 2006, p. 24).

Ao alimentar a ilusão de que a escola é um lugar de "redenção pessoal" e de "regeneração social", os professores acabam por abraçar todas as causas, sem dar conta de nenhuma. É impossível não perceber que outras instituições e grupos sociais constituem-se como lugares de formação (mídia, família, religião, tecnologia, etc.). As crianças estão informadas sobre todos os assuntos, afinal sua educação não se restringe à escola. Neste sentido, o professor é mais um mediador de conhecimentos entre muitos outros, claro, que ainda de grande importância, pois contribui com parte substancial na formação das pessoas e, naquilo que o toca, procurando sempre ser competente.

As imagens que outrora tínhamos da escola, idealizadas e cristalizadas, quebraram-se (ARROYO, 2004). As identidades modernas estão sendo descentradas, deslocadas, fragmentadas. Nesse contexto, o sujeito assume diferentes identidades em diferentes momentos, às vezes contraditórias, como muito bem alerta Hall (2005) ao afirmar que os sistemas de significação e representação cultural multiplicam as identidades, pois:

> *a identidade plenamente unificada, completa, segura e coerente é uma fantasia. Ao invés disso, à medida que os sistemas de significação e representação cultural se multiplicam, somos confrontados por uma multiplicidade desconcertante e cambiante de identidades possíveis, com cada uma das quais poderíamos nos identificar – ao menos temporariamente* (HALL, 2005, p. 13).

A vida escolar é bastante instável e complexa – vai modificando-se e aperfeiçoando-se dentro de um projeto ilimitado. Nessa transição, nem sempre professores e alunos conseguem atender as expectativas, estabelecendo, assim, um distanciamento.

As normas escolares permanecem tradicionais e o professor colabora com isso sempre privilegiando os sistemas, sejam eles de poder, ou de burocracias. A escola, quando marcada por esses sistemas, acaba por afastar os membros da comunidade, pois estes não percebem nela um sentido. Disso resulta a necessidade de reinventá-la, pois não é somente um local de conteúdos e aprendizagem, mas um lugar de relações interpessoais, um espaço para se sentir bem, um território propício para a vivência de valores (MATURANA, 2002) – um lugar de vida.

O conhecimento não surge de algum iluminado, como outrora se pensava, mas pela interação, gerando sentido à vida. O mundo do conhecimento vislumbra novos caminhos e esse processo é essencial – fazer o sujeito voltar a conviver com o "mundo-da-vida[2]", mediado pela linguagem, ou seja, pelo diálogo entre as pessoas. Goergen (2004) nos afirma que o diálogo é o princípio e o ponto final de entendimento, por isso deve ser valorizado, bem como a alteridade, a solidariedade e as ações humanas.

2.2 Dilemas docentes e a necessidade de mudanças

Os professores encontram-se num momento delicado, pois vivem num contexto social mutável, flexível e incerto. Em meio a essa transição, buscam novos papéis, ainda que de maneira confusa. Numa sociedade marcada pelas diferenças e por evoluções aceleradas, os professores fazem questionamentos difíceis de serem respondidos. Algumas certezas morais e ideológicas agora são questionadas e se desvanecem. Felizmente,

---

[2] O conceito "mundo-da-vida", trazido por Habermas, é tudo aquilo que não pode ser tematizado, ultrapassa-nos, constitui-nos: são nossas raízes e tradições culturais. Cf. GOERGEN, 2004.

há sempre uma margem, maior ou menor, de liberdade para autonomia, resistência e diversidade.

A carga profissional docente é repleta de muitas e variadas exigências, o que torna difícil, senão impossível, de constatar se os objetivos estão sendo alcançados. A imprecisão dos programas e objetivos escolares exige do professor interpretação, adaptação, criatividade e até mesmo improvisação. Frente a esta situação, os autores Fullan e Hargreaves (2000) percebem a escola como "uma organização aprendente" e destacam alguns pontos ou "problemas" cruciais na implementação de mudanças educacionais numa perspectiva colaborativa:

1. A sobrecarga – o excesso de obrigações e afazeres escolares sobrecarrega o professor. Os pais exigem explicações quanto ao programa, avaliação e comprometimento com as crianças; somado a isso, ainda há as inovações exageradas (modismos) e soluções fragmentadas da escola. O que seria aparentemente uma solução passa a ser mais um problema. O excesso de novidades agrava a situação por tornar mais difícil o trabalho, faltando-lhe tempo.

2. O isolamento – essa é uma herança dos programas de ensino, quando o professor solitariamente ensina por disciplinas, em sua sala de aula, como se fosse um santuário. É uma maneira de o professor sentir-se livre das pressões cotidianas e poder então agir livremente. Essa atitude é, muitas vezes, confundida com autonomia. Isso é prejudicial ao desenvolvimento profissional e à prática educativa de qualidade, pois gera a limitação de novas ideias e resistência à inovação, além de fomentar o individualismo e o conservadorismo.

3. O "pensamento de grupo" – apesar da crítica ao isolamento, às vezes, ele é necessário para o desenvolvimento pessoal e criativo do professor, rompendo com o pensamento uniforme. Discordâncias e diferenças devem ser propiciadas nas decisões coletivas e não reprimidas, pois a inovação pessoal gera também inovações bem-sucedidas.

4. A competência não utilizada (e a incompetência negligenciada) – o talento dos professores não vem sendo utilizado em seu potencial. Novatos possuem pouco crédito e passam despercebidos – sua qualificação profissional constitui um reservatório de talentos não utilizados. Os veteranos, por sua vez, quaisquer atividades ruins que proponham não são corrigidos. Os professores ineficientes podem ter ficado assim em função do tempo de serviço improdutivo ou talvez por não servirem para esse trabalho desde o princípio.

5. A limitação do papel do professor (e o papel da liderança) – o professor, ao passar muito tempo dentro de uma sala de aula, sem estimulação externa, acaba por reduzir seu comprometimento, motivação e eficiência. Quando a responsabilidade fica apenas com alguns líderes, os resultados podem reverter em soluções incorretas e, muitas vezes, impostas. O preparo dos professores consiste em envolvê-los desde cedo em atividades de administração, liderança e na elaboração de políticas, enquanto ainda está vinculada à sala de aula, num profissionalismo interativo e numa visão de formação, como processo contínuo.

6. *A reforma fracassada* – a maioria das reformas educacionais não dá certo, sendo comum recair toda a responsabilidade sobre os professores. As ideias podem ser brilhantes, mas se os professores não as efetivarem em suas práticas e não se sentirem envolvidos, de nada adiantará.

Os professores vivem repletos de múltiplas funções – de trabalho visível e até mesmo invisível: aquele trabalho desenvolvido aos finais de semana, à noite, o planejamento, correção de provas, reuniões, formação continuada, entre outros. Dedicam-se tanto aos outros que não têm tempo para eles mesmos (TARDIF; LESSARD, 2004).

Além dos problemas já mencionados, ainda há a marginalização da categoria, baixo prestígio social, estrutura de trabalho inadequada, dificuldades de inserção na comunidade em que trabalham. Tudo isso dificulta a atuação profissional. Para Gil Villa (1998), os principais problemas enfrentados são: a identificação profissional, a qualificação técnica e a marginalização social. Estes, por sua vez, resultam numa certa desorientação do professor e insatisfação com a profissão.

A sobrecarga de aspectos negativos acaba proporcionando a que Esteve (1984 apud GIL VILLA, 1998, p. 17) chama de "mal-estar-docente". Fatores de primeira ordem[3], que se referem à sua ação em aula, e fatores de segunda ordem[4], relacionados ao contexto escolar, trazem o desejo de abandono, afastamento e até mesmo perturbações: estados de ansiedade, agressividade e depressão.

O resultado das condições psicológicas e sociais permanentes, nas quais a docência é exercida, afeta a personalidade e deteriora a saúde, levando o professor a adoecer (depreciação do eu, licenças, doenças mentais, etc.). O clássico exemplo mitológico do labirinto,

---

[3] Fatores que incidem diretamente na ação do professor, provocando tensões associadas com sentimentos e emoções negativas. Aqui aparece a modificação do papel do professor, a contestação e contradições na função docente, a generalização do julgamento social contra o professor, a incerteza a respeito dos objetivos do sistema de ensino e dos avanços no conhecimento e a quebra da imagem do professor. Cf. Gil Villa, 1998.

[4] Falta de recursos materiais, condições de trabalho limitadas, aumento da violência nas instituições escolares e o esgotamento docente perante o acúmulo de exigências que recaem sobre si. Cf. Gil Villa, 1998.

discutido por Abraham (1986), expressa a angústia do professor que passa por essa situação. O autor destaca que, indissociável do professor, há um ser humano com desejos, frustrações e anseios. O caminho que o professor percorre, como pessoa e como profissional, é um caminho difícil.

Outro aspecto que tem gerado grandes discussões é a luta pela profissionalização[5]. Os professores desempenham tarefas de alta qualificação se comparadas às demais classes de trabalhadores assalariados. Em contrapartida, têm sido considerados "semiprofissionais". Geralmente, estão submetidos à autoridade de organizações burocráticas e com salários relativamente baixos, num ambiente onde os fenômenos de tensão e contradição estão presentes.

Para o surgimento de uma "nova profissionalidade docente" (NÓVOA, 1991), os professores precisariam deter os meios de controle sobre o seu próprio trabalho, com maior responsabilização profissional, bem como precisariam intervir com autonomia na organização escolar. Em tal perspectiva, os professores são produtores de conhecimentos e investigadores de sua ação.

Para Veiga (2005), a construção da profissionalização docente se dá através de um projeto construído coletivamente. Se outrora o professor era visto no cen-

---

[5] Este termo refere-se ao "reconhecimento e prática do direito e da obrigação do professor de determinar suas próprias tarefas profissionais na sala de aula" (GIL VILLA, 1998, p. 27).

tro do processo de ensinar e aprender, hoje esse papel é revisado, agregando novas funções. Não se trata de um modismo. Sua tarefa central agora é a de articulador, problematizador e pesquisador integrado com o aluno, ambos convivendo em novo espaço relacional e interativo.

Antigos vícios docentes devem ser substituídos por vínculos capazes de proporcionar uma aprendizagem mais amorosa, capaz de construir formas apropriadas de lidar com a diversidade e complexidade do comportamento humano. A seguir, refletirei sobre possíveis formas de abordagens e repercussões destes dilemas.

2.3 As novas imagens docentes e a formação de professores

Por muito tempo, a racionalização do ensino reduziu o trabalho pedagógico dos professores a um controle social e técnico sobre suas qualificações acadêmicas e seu saber. O legado da ciência moderna ainda se faz presente na relação do conhecimento, "[...] visto como fatias de especializações, que são catalogadas e formatadas burocrática e disciplinarmente" (BARCELOS, 2004a, p. 44).

O trabalho do professor pode ser revisado para que haja a possibilidade de construir outro sentido. A redefinição do professor, enquanto profissional, requer capacidade de rever o seu conhecimento e sua capacidade em dialogar e transitar em diferentes áreas. Trata-se de uma necessidade de construir um conhecimento polivalente que compreenda diferentes âmbitos, visto que não há professor na abstração. Não existe professor de generalidades, pois quem é professor é sempre professor de alguma "coisa", que também ensina e aprende alguma "coisa" com alguém (BARCELOS, 2006a).

Os professores avançaram politicamente, nos últimos tempos, mas continuam apegados a lógicas conservadoras. O papel a ser desempenhado não pode mais ser visto de maneira reduzida, atrelado ao domínio de conteúdos disciplinares e a técnicas de transmissão. A função a ser desempenhada é muito mais ampla, como muito bem enfatiza Lima (2002, p. 106) ao afirmar que "é exigido do professor que lide com um conhecimento em construção – e não mais imutável" capaz de considerar o desenvolvimento e a colaboração da pessoa e de conviver com as mudanças e com as incertezas.

Diante de tantas inseguranças, é de grande sensatez o abandono de certezas e convicções referentes às soluções de problemas que pensávamos estar definitivamente resolvidos. Necessitamos (re)educar o olhar e repensar representações. O ato de educar sempre foi um ato tenso, mesmo estando presente em nosso imaginário uma representação épica de educação. Arroyo

(2004) auxilia a desmontar essas imagens da docência e afirma que podemos reconstruir nossas trajetórias profissionais ao conhecer os tempos dos alunos:

> *Nesse irmos às crianças, adolescentes, jovens e adultos com que convivemos nas escolas e nessas tentativas de observá-los e entendê--los poderemos estar descobrindo segredos da infância, da adolescência, da juventude e da vida adulta. Cada tempo humano emite seus próprios sinais e suas surpresas. Sem dúvida, nesse mesmo olhar sobre os educandos, estaremos nos olhando, nos observando, e entendendo e redescobrindo segredos de nossa docência* (ARROYO, 2004, p. 48).

Uma maneira de redimensionar nosso comportamento docente é lembrar que, um dia, também fomos alunos, algo que aparentemente esquecemos. Este exercício de lembrar nossas próprias vivências dos tempos da vida pode vir a melhorar o entendimento de nossa formação e dos próprios alunos.

Todos se adaptam à escola, quando o processo deveria ser o inverso. Os alunos, os tempos e a sociedade são outros. Até mesmo os professores são outros. Mas as atitudes destes últimos ainda são as mesmas – preocupados em como (técnicas) e com o que (conteúdos) ensinar. Esse tipo de relação gera tensões preocupantes e apreensivas. A escola ainda segue um sistema rígido. Organiza o conhecimento em pedacinhos, por disciplinas ou recortes. Esse modelo está mais que ultrapassado. Concordo com Ortega y Gasset (1970) quando se afirmar que a vida de cada um tem uma porção da vida de outras pessoas. Nesse sentido, a sensibilidade para uma escola mais solidária é fundamental e de extrema relevância para a própria autoformação.

A falta de colaboração docente e respeito às diferenças ignora e cala a voz daqueles que poderiam emergir e fazer a diferença. Falta cultivar o hábito da colaboração, que é uma condição reflexiva capaz de proporcionar aprendizagem significativa e relevante. Nas palavras de Gómez:

> *a cultura da colaboração é o substrato básico intelectual e afetivo para enfrentar a incerteza e o risco do fracasso. A incerteza, o fracasso e o conflito não são consequências indesejáveis de um processo de mudança e aprendizagem, mas seus companheiros inevitáveis, sempre que o processo de aprendizagem individual ou social seja suficientemente relevante para afetar parcelas fundamentais da vida individual e coletiva* (GÓMEZ, 2001, p. 174).

É a integração do conhecimento que proporciona uma aprendizagem relevante. Esta integração pode ser facilitada pela seleção dos conteúdos do currículo de ensino que, por sua vez, deve ser sempre contextualizada, correspondente à capacidade do professor compreender o que cada aluno e/ou grupo necessita. Quando os docentes e os estudantes organizam-se cooperativamente, acabam por aprender, recriar e partilhar responsabilidades, estimulando a cultura crítica do pensamento elaborado.

A escola, ao se valer de ideias, valores e crenças que não nasceram de sua própria dinâmica, acaba por receber e devolver à sociedade uma única cultura, sem inovação e repete o que já foi criado. Partilho com Ortega y Gasset (1970) a opinião de que a cultura é um produto da autenticidade do ser humano e, quando isso não ocorre, passa a haver a falsificação da vida. Para o professor, é cada vez mais desafiador desenvolver seu ofício, visto que, a todo o momento, novos elementos surgem, outros desaparecem, dificultando cada vez mais as suas relações com a escola. Nesse contexto, é questionável o que vem sendo transmitido e conservado na escola, bem como a importância do fazer docente.

Os programas e objetivos escolares são imprecisos e variados e, por sua vez, exigem do professor criatividade, adaptação e transformação, para que possa dar-lhes sentido. Diante dessa situação, Tardif e Lessard

(2004) destacam que a interpretação e a improvisação do professor são imprescindíveis para a sua realização.

> *Parece, portanto, que os fins do ensino não correspondem nada a objetivos operacionais, mas que se trate de fins de natureza hermenêutica: seu significado não está dado, mas exige um trabalho de interpretação por parte dos atores que lhes dão sentido, tanto por sua própria subjetividade, como pelas situações vividas* (TARDIF; LESSARD, 2004, p. 205).

Surge, assim, a necessidade de se dar outra interpretação à escola. A vida escolar não pode ser a falsificação de si mesma – artificial. Demanda a necessidade de pensar de uma maneira mais autêntica para o exercício autônomo da profissão, construído mediante a elaboração de um novo modo de atuar, dentro de uma perspectiva (re)educadora, permanente e continuada.

Uma possibilidade de renovar a escola e a vida profissional dos professores é vista por Nóvoa (2006) através do fortalecimento de três aspectos. O primeiro deles é *a necessidade dos professores refazerem uma ligação forte com o espaço comunitário* – as atividades docentes são caracterizadas, por grande complexidade, do ponto de vista emocional, pois são vivenciadas num espaço carregado de afetos, sentimentos e conflitos. Nesse sentido, os professores são chamados a um contínuo trabalho de intervenção técnica, política e participativa, em debates socioculturais, nas comunidades locais. O segundo seria r*enovar o modelo escolar pela capacidade de adaptação à diferença* – repensar o trabalho docente numa lógica de projeto e colegialidade através da teorização e da sistematização. O terceiro e último aspecto, o de reconhecer *o conhecimento específico dos professores* – tarefa difícil de ser definida na ação educativa devido à sua dimensão (teórica, prática e experiencial).

Os professores têm um papel importante na educação. Por isso, torna-se interessante a preocupação com a sua formação, através da qual venham a assumir com responsabilidade as mudanças, não somente na dimensão tecnológica e social, mas também cultural. É desejável e oportuno que estejam ligados às comunidades, recriem concepções diferentes de trabalho e de organização, bem como sejam capazes de estabelecer novas relações com as diferentes formas de conhecimento.

A atividade docente não tem nada de natural e simples. Pelo contrário, coloca sob tensão nossa própria prática pedagógica. É uma construção que se dá na relação social e comporta múltiplas particularidades, as quais implicam necessariamente em escolhas epistemológicas, repletas de tensões e dilemas que dificultam a atuação plena (TARDIF; LESSARD, 2004).

Nos últimos anos, inúmeras discussões foram geradas sobre o referido tema, aparecendo com uma conotação problemática. Implementar uma proposta diferenciada na escola é, portanto, desafiador.

Para melhorar a qualidade do ensino, não basta apenas melhorar as condições de trabalho dos professores. É preciso também mudar a maneira de pensar. A educação invoca o surgimento de um profissionalismo docente organizado mais cooperativamente, com interesse/paixão pelo conhecer, com preocupação em sua capacitação e formação, sem nunca perder de vista a conservação de sua dignidade e de sua autonomia criativa.

2.4 O interesse em aprender – a Formação Contínua do professor

Hoje, de forma mais urgente, o professor necessita atualizar-se constantemente para atender às necessidades educacionais escolares. Vivemos numa sociedade planetarizada, onde os profissionais necessitam ser multifuncionais e competentes. Alarcão (2001) explicita que a função dos docentes exige consciência de que sua formação nunca está finda, pelo contrário, encontra-se num constante vir a ser, primando pela qualidade de seu ofício e pela sua flexibilização diante de tantas mudanças.

Há bem pouco tempo, qualquer profissional poderia acreditar que, com o diploma de um curso superior, estaria capacitado a atuar pelo resto de sua vida na profissão. Com o professor, não foi diferente. Carrascosa (1996) relata que a formação do professor é um processo em longo prazo, que não se finaliza com a obtenção do título de licenciado. Isso ocorreu por muitas razões; uma delas é associada ao fato de a formação docente ser um processo complexo, sendo impossível adquirir conhecimentos e habilidades suficientes no curto espaço de tempo que dura a Formação Inicial.

Conforme Hargreaves (2002), a formação inicial parece não ser mais que o primeiro passo para a formação docente contínua. Muitos profissionais acabam reproduzindo, na escola, o que eles aprenderam com seus professores na época de academia. Outros, porém, buscam se aperfeiçoar/qualificar constantemente para melhorar a qualidade da educação através de aquisição de livros, participação em grupos de estudos, palestras, oficinas, congressos e cursos de pós-graduação.

Parto do entendimento de que a Formação Contínua é uma iniciativa de formação do professor que acompanha o seu tempo profissional, apresentando formato e duração diferenciados, assumindo a perspectiva da formação como processo (Cunha, 1999), por sua vez, um processo interativo e dinâmico de fundamental importância para a mudança educacional e para a definição do profissional.

A Formação Contínua constitui um espaço significativo para relatos de experiências dos professores e também um momento de troca de saberes, seja disciplinar, curricular, experencial ou profissional (TARDIF, 2002). Isso se torna significativo no momento em que se tem discutido a profissionalização do professor e exigido saberes configurados na perspectiva de saber--saber, de saber-fazer e de saber-ser.

Os espaços de interação entre as dimensões pessoais e profissionais possibilitam ao professor, na condição de ator social, "apropriar-se dos seus processos de formação e dar-lhes um sentido no quadro de suas histórias de vida" (NÓVOA, 1991, p. 70). Ou seja, a formação está intimamente ligada à produção de sentido sobre as suas vivências. A experiência é tida como produtora de saberes por ser um componente significativo no processo de formação docente. Assim sendo, os professores são tidos como "aprendentes e ensinantes", em vários tempos e espaços, num processo continuado ao longo da sua trajetória de vida (MADEIRA, 2001).

Ao considerar as demais formações (informais), a exemplo dos processos de autoformação, investimento educativo das situações profissionais e articulação com projetos educativos na escola, estaremos valorizando não apenas a sua formação, mas também reforçando a autonomia da própria escola. Por isso, a Formação Contínua não se reduz a um simples aperfeiçoamento, mas a uma possibilidade de reforma educativa inovadora, que visa a resolver os problemas das instituições escolares. É nessa perspectiva de Formação Contínua que Cortesão (1991) deposita uma esperança de proposta de trabalho em "investigação-ação". Ao aproximar a teoria com a prática, diluindo as barreiras existentes, haverá possibilidades de explorar a interação de diversas situações vistas tradicionalmente como opostas ou excludentes.

A possibilidade de capacitar o professor na escola, onde atua, apresenta-se como uma abertura oportuna e pode ser vista como um dos elementos fundamentais para um ensino de qualidade por apresentar possibilidade de aprendizagem contextualizada. Através de um trabalho contextualizado e coletivo, é possível discutir propostas alternativas, sensibilizar para as carências da formação, encontrar subsídios e possibilitar a construção de uma prática pedagógica voltada às exigências do mundo contemporâneo.

A Formação Contínua, na escola, é uma proposta inovadora que exige do professor um trabalho mais interativo. Em contrapartida, a atividade docente comporta múltiplas facetas, as quais estão inseridas num conjunto inteiro de controle de regras institucionalizadas e burocratizadas. Trata-se de um trabalho tenso e repleto de dilemas que dificultam a atuação dos docentes. Além de ser uma profissão desgastante, por estar em interface com o outro, a docência se encontra dentro de uma organização repleta de normas, que, muitas vezes, impossibilita o desenvolvimento do potencial criativo que gostariam de ter.

Por muito tempo, a formação foi estigmatizada por diferentes concepções. Muitos professores "foram influenciados pela tendência pedagógica do Tecnicismo, que sobreviveu, na legislação do ensino, por mais de uma década, ao seu criador, o chamado Regime Militar" (CAMPOS, 2006, p. 9). Em relação a esse regime, comenta Humberto Maturana, ao conceder uma entrevista ao Jornal *La Nación*, que herdamos uma das piores coisas: "La negación de la reflexión" (MARIN, 2006, p. 5).

Algumas tendências foram predominantes, em determinadas épocas, na América Latina, inclusive no Brasil, as quais ainda se fazem presentes em maior ou menor grau. Superá-las é uma tarefa árdua e pensar que existam soluções mágicas é uma ilusão. Direcionando esse legado às escolas, não é estranho perceber que a valorização da competição é um resquício de uma época em que praticamente inexistia a tolerância, pressuposto indispensável para tornar a diferença possível (CALAME, 2001).

2.5 Um primeiro passo: o diálogo entre as diferentes disciplinas

Acredito que seja interessante discutir sobre um ponto importante, o qual não gostaria que ficasse no esquecimento: o trabalho docente transdisciplinar. As disciplinas escolares continuam sendo trabalhadas em separado, dificultando aos aprendizes apreender os objetos em seus conjuntos e perceber as relações existentes nos contextos. Quando compreendemos as disciplinas antagonicamente, de maneira isolada, ao invés de complementarmente, criamos um abismo entre as diferentes áreas do conhecimento. Essa postura e esse entendimento dicotômico reduzem a potencialidade dos professores e dos alunos.

As disciplinas e as didáticas escolares não conseguem mais "controlar os corpos" de seus alunos (ARROYO, 2004). Isso revela para a docência que a escola não se renova – como se estivesse cristalizada. A falta de dinâmica das aulas as tornam pouco atraentes, sendo percebidas pela criança como algo que inibe a sua liberdade e não como algo que faz parte de sua vida, ou melhor, uma continuidade da vida. Todos precisam sentir-se bem neste local, e isso não vem acontecendo.

Na tentativa de romper com o pensamento linear e reducionista, o qual atrofia o saber, sugiro uma aproximação entre as disciplinas do currículo para que possam reafirmar as possibilidades formativas e, também, ajudar na ampliação do conhecimento. Morin (2000) ressalta que as disciplinas podem se constituir pelas rupturas de fronteiras, de invasões de um problema de uma disciplina sobre outra, de circulação de conceitos e de formação de disciplinas híbridas. Este autor questiona: de que serviriam todos os saberes parcelados, se nós não os confrontássemos, a fim de formar uma configuração que responda às nossas expectativas, às nossas necessidades e às nossas interrogações cognitivas?

Se quisermos realmente ajudar na educação de qualquer pessoa, numa perspectiva de emancipação humana, será preciso romper com as fronteiras que, por sua vez, prefiro vê-las como um ponto de começo e de presença, ao invés como um ponto de limites e encerramentos (BARCELOS, 2004b). Por isso, penso que, para conseguirmos transitar em diferentes áreas do conhecimento, se faz necessário ir além das demarcações estabelecidas, o que demanda abertura para a pluralidade de discursos e um trabalho mais coletivo.

O trabalho docente é muito dependente dos estatutos disciplinares e isso vai de encontro à abordagem transdisciplinar. Além disso, as disciplinas não possuem o mesmo valor para alunos, pais e próprios professores, devido à hierarquia e ao "poder simbólico" da matriz curricular (TARDIF, 2002). Fica evidente que certas disciplinas específicas recebem um tratamento isolado das demais.

Mover-nos em direção às outras áreas do conhecimento, em busca de diálogo, é de fundamental importância, mas não é o suficiente. Também é imprescindível mudarmos de entendimento e de conduta para podermos romper com a inércia corporal, na qual nos encontramos, uma vez que o modo como vivemos é um fenômeno cultural e o tipo de ser humano, que nos tornamos, é algo próprio da cultura em que crescemos (MATURANA, 1998).

Ao falar em mudança, quero destacar alguns pontos que são pertinentes a qualquer professor, especialmente àqueles que trabalham com o brincar e atuam nas séries iniciais.

Vivemos numa cultura onde não há espaços, de um modo geral, para as brincadeiras. Isso impede crianças e jovens de expressarem a sua cultura de infância, uma vez que as brincadeiras vêm sendo percebidas sob o ponto de vista produtivo, comumente confundidas e trabalhadas como conteúdos desportivos, atualmente muito valorizados. Segundo o livro *Coletivo de Autores* (1992), os pressupostos para o aprendizado do esporte, a exemplo da aquisição de domínios técnico-táticos e as pré-condições fisiológicas para a sua prática, demonstram claramente que a finalidade a ele atribuída é somente a vitória na competição.

Não é raro perceber que o brincar é tido como sinônimo de esporte institucionalizado – aquele esporte com fins de resultados, de regras e práticas competitivas, de constantes agressões verbais e físicas, que visa ao rendimento pelos altos níveis de exigência, excessiva cobrança e esforço. Isso vem a reforçar a ideia de que os alunos hábeis podem participar, pois contribuem para a vitória, enquanto os alunos que não conseguem enquadrar-se aos padrões estabelecidos permanecem excluídos – torcem ou brincam do lado de fora da quadra. Ou ainda, são inseridos no grupo somente para completar o número mínimo de participantes, para que a atividade aconteça.

O brincar não pode ser reduzido simplesmente a desportivização precoce da infância. Como professor, inquieta-me a falta de sensibilidade daqueles colegas que, antes mesmo de possibilitar brincadeiras às crianças, fomentam a especialização de gestos tidos como tecnicamente corretos. Penso que, ao redimensionar o entendimento que temos sobre o brincar, poderemos possibilitar o corpo à compreensão da realidade e a reaprender a se conhecer, visto que as crianças expressam em sua corporeidade e integridade, um acervo sobre as mais diversas questões (MATURANA; VERDENN-ZÖLLER, 2004).

As aulas, quando se tornam elitistas e classificatórias (categorização), privilegiam uma estrutura que martiriza a maioria dos seus participantes. Essa situação, de visar ao resultado final, de viver a experiência da competição, de derrota e de vitória, leva muitas crianças a abandonarem a aula, devido ao excessivo desgaste emocional e também devido à sensação de incapacidade. As aulas que privilegiam a eficiência dos movimentos e os resultados técnicos acabam por intimidar a potencialidade de interação e criação.

A aula não deve estar centrada no treinamento técnico. Se assim for, estaremos "amesquinhando o seu caráter formador" (FREIRE, 1996), vivendo no pragmatismo e sendo conivente com a cultura de reprodução. O que quero dizer é que "a educação deve estar centrada na formação humana e não técnica da criança, embora esta formação humana se realize através da aprendizagem do técnico, na realização do aspecto de capacitação da tarefa educacional" (MATURANA; REZEPKA, 2002, p. 13).

Não é difícil perceber que, nas escolas, os pátios e os ginásios estão mais desenhados para as práticas esportivas do que para as brincadeiras. Sabemos bem que não é o espaço físico que irá ou não oportunizar as brincadeiras, mas sim a intenção do professor em acreditar na ludicidade. Contudo, fica evidente que tal estrutura é projetada para que a criança venha a se adaptar ao espaço que está sendo disponibilizado. Acredito que o desenvolvimento da autonomia decorre, entre outras questões, da possibilidade de decidir, entre opções, em cada situação, aquela que for julgada pelo sujeito a mais adequada. Para tanto, a criança precisa dispor de um leque amplo de alternativas para se defrontar com as mais diversificadas situações (FREIRE, 2005).

Na condição de professor de Educação Física, não posso deixar de salientar que geralmente é nessa disciplina que as crianças têm a oportunidade de brincar. Também reconheço a importância dessa área do conhecimento para a formação da criança. Em contrapartida, infelizmente, não são raras as vezes que a aula é direcionada e restrita ao simples exercício de certas habilidades e destrezas, contribuindo para a manutenção de uma estrutura social competitiva, produtivista, autoritária e excludente.

Caso perguntássemos a qualquer criança o que é mais monótono nas aulas de Educação Física, com certeza, uma das principais respostas que ouviríamos é: ter de correr na quadra durante um tempo determinado pelo professor. Nesse caso, o desconforto e a desmotivação não estão meramente no esforço físico, mas na falta de propósitos e na falta de sentido/significado da atividade.

A Educação Física brasileira teve suas origens marcadas pela forte influência da categoria médica e de instituições militares que, por sua vez, eram "contaminadas" por princípios positivistas de manutenção da ordem social, em nome da eugenia e do "Progresso e Desenvolvimento" do país. Foi (e ainda é para muitos) entendida como um elemento de extrema importância para forjar o sujeito disciplinado, forte e saudável, tido como indispensável à implantação de um sistema, que tinha por objetivo formar um ser apto para o trabalho (CASTELLANI, 1988).

Na atualidade, a Educação Física é influenciada por visões massificadas de padrões ideais de beleza e treinamento voltados à saúde e a um duvidoso discurso de qualidade de vida. Quero salientar que, nesta perspectiva, algumas de suas características são: a prática essencialmente mecânica e a valorização da técnica; a concepção dualista do ser humano – o "físico" a serviço do "psíquico"; atitude acrítica da realidade; reprodução do movimento; caráter seletivo; marginalização dos menos aptos; negação do amor, etc.

Não é mais preciso recordar da ampla influência que a Educação Física recebeu das tendências e correntes que surgiram e vigoram até hoje na escola: militarista (1930-1945), pedagogicista (1945-1964) e competitivista (1964-1985 aproximadamente). Muitas são as produções que problematizam essa questão (MEDINA, 1987; CASTELLANI FILHO, 1988; GHIRALDELLI JUNIOR, 1998; GONÇALVES, 1994, entre outros), mas acredito ser importante mencioná-las para que o leitor possa compreender as dificuldades que os professores enfrentam para se desvencilhar de determinadas posturas.

O esporte moderno ainda exerce grande influência nas aulas, sendo uma de suas características a competição. No entanto, a competição tem raízes mais profundas que as tendências do século passado. Herdamos do patriarcado europeu a cultura da guerra e da luta, que nos levou à atual situação de autoritarismo, dominação e desrespeito às diversidades biológicas, esquecendo os fundamentos da condição humana (o amar e o brincar) que permeiam o afetivo e o lúdico.

Busco em Maturana e Verden-Zöller (2004) subsídios para explicar que a competição é um comportamento aprendido pelas crianças de acordo com a cultura em que elas crescem: na primeira infância, a criança vive na intimidade da coexistência social com suas mães – através do encontro corporal íntimo, desenvolve-se um ser social bem integrado; ao transitar à adolescência, a criança tem de adotar um modo de vida que nega tudo o que até então aprendeu, como se até então tivesse vivido num mundo de mentiras – ela aprende, assim, a competir.

A falta de respeito, de colaboração e de alteridade impossibilita a criação de um mundo de aceitação mútua. A qualidade lúdica, a espontaneidade, a capacidade de desenvolver satisfação pessoal precisam ser mais enfatizadas e isso requer liberdade. Entretanto, as aulas que primam pela competitividade perdem esse valor.

Para Maturana e Rezepka (2002), valores não se ensinam, precisam ser vivenciados com o outro, especialmente, no ambiente escolar – momento oportuno para viver a coletividade, sem discriminações, num caráter aberto e dinâmico para a construção de significados. Ao compartilhar significados e sentidos, proporciona-se a construção do conhecimento. Isso se dá toda vez em que se estabelecem relações "substantivas e não arbitrárias" entre o que aprendemos e o que já conhecemos (SALVADOR, 1994).

Seria interessante o professor instigar a curiosidade, como possibilidade de elaboração do conhecimento, num processo de ir e vir, para "conseguir trazer o aluno até a intimidade do movimento de seu pensamento" (FREIRE, 1996, p.96). No entanto, não é raro perceber que o trabalho docente conta com um exagero de informações vazias de significado.

Toda vez que uma criança realiza uma ação ela está expressando um sentido, envolvendo não somente a direção do movimento, em relação a um objeto externo, (exemplo: chutar uma bola num determinado alvo), mas também a componentes subjetivos (aspirações, sentimentos, alegrias), formando sua individualidade. Acredito, portanto, que uma das principais maneiras das crianças aprenderem é brincando.

A escola é um reduto, onde as crianças ainda podem brincar num ambiente afetivo de acolhimento, num ambiente em que reina a liberdade de criação – vindo a facilitar o aprendizado. Percebe-se, no entanto, que é um território ainda pouco frequentado, desconsiderado por muitos, por ser visto como algo inútil e por se afirmar que, com o brincar, nada se produz. Infelizes, não percebem que o brincar nos acompanha, assim como o amor, tidos como refúgios, onde se abrigam os fundamentos do humano durante as crises da racionalidade (MATURANA; VERDEN-ZÖLLER, 2004).

2.6 Uma atividade espontânea e legítima

Nesse momento pretendo fazer uma contextualização social e cultural sobre o brincar, como um território de aprendizagem humana. Esse ponto se faz necessário como uma forma de introdução/preparação para o capítulo 5, onde farei as análises das entrevistas, bem como a reflexão sobre elas, a partir da contribuição das ideias de Humberto Maturana sobre o brincar.

Quando falamos do brincar muitas situações vêm à memória, especialmente as gostosas recordações da infância. São lembranças significativas de algo muito bom, não sendo isso novidade para nenhuma criança, pois é possível perceber a sua alegria exteriorizada pela expressão corporal a uma longínqua distância.

O brincar se faz presente na vida e na educação da humanidade, desde os tempos mais remotos, e é impossível não nos rendermos às evidências de sua fundamental importância na construção do conhecimento e no desenvolvimento integral das crianças.

Quando vemos uma criança brincando, estamos certos de estar observando um ser feliz. É uma das características marcantes da infância, para não dizer natural e normal, a tal ponto de ser difícil presenciar uma criança livre que não esteja brincando, seja qual for o lugar. Todas as formas de organização social, cada cultura e em cada época, consagram maneiras próprias de concretizá-la (SANTIN, 1987).

Em *Homo Ludens*, Huizinga (2000) argumenta que é "no jogo e pelo jogo" que a civilização surge e se desenvolve, sendo um princípio vital. É um fator distinto e fundamental, presente em tudo o que acontece no mundo. Sendo, portanto, imprescindível na vida de qualquer ser humano, acredito que o processo de aprendizagem se torna mais prazeroso e significativo, por essa via, pelo seu valor educativo/pedagógico. Em contrapartida, faz tempo que a escola herdou da sociedade um legado de aprendizagens fechadas, em quatro paredes, desprestigiando o referido contexto como um lugar legítimo de formação.

Acabamos por não mais prestar a devida atenção, nem dar a importância merecida que exige o brincar. Não é estranho entrar numa escola e perceber que as crianças permanecem estáticas, durante horas, em classes escolares, tendo o direito de brincar negado, por ser visto como um passatempo inconsequente, como se não fosse possível brincar e aprender simultaneamente. Desde os primeiros instantes, isso é evidente, ao se afirmar que a escola não é lugar de barulho.

Quando o aprender desvincula-se do brincar, acaba por tornar-se uma obrigação – um processo nem sempre agradável. Tonucci (2005) enfatiza que a escola pode ser um ambiente diferente:

> *Não é necessário que a escola seja um ambiente distante das crianças, estranho*

> *a seus interesses e hostil em relação a elas. Tampouco é necessário que as crianças precisem sofrer para aprender, como muitas pessoas ainda pensam. A escola sabe tudo isso, e muitas vezes as crianças podem viver, em suas escolas, com seus professores, experiências relevantes e agradáveis, inesquecíveis [...]* (TONUCCI, 2005, p. 177).

As crianças são muito espontâneas, mas, ao chegarem à escola, precisam se adaptar. Recebem inúmeras informações, tidas como necessárias à sua "boa formação", e não há, em muitos casos, a preocupação com seus conhecimentos prévios, sendo suas culturas reprimidas pelas práticas educativas.

As atividades, ao serem excessivamente monitoradas, impedem as crianças de dedicarem-se às relações amistosas. Não havendo sequer tempo para a criação de suas próprias brincadeiras, tampouco, de seus próprios brinquedos, valem-se da produção artesanal.

Os estudos de Benjamin (1984) demonstram que, desde a sua origem, o brinquedo foi elaborado pelo adulto para a criança. Apesar do fascínio exercido, tal imposição é sabiamente mudada e corrigida pelas diversas formas de brincar. O brincar e o brinquedo (ação e objeto), ao ser transformado em instrumento pedagógico pelas pedagogias modernas, acabaram por aprisionar, controlar e regular os sujeitos envolvidos, impondo significados. Sobre esse assunto, não posso deixar de lembrar Bujes (2004, p.227) quando afirma que o brincar e o brinquedo "acabam por se constituir em estratégias através das quais os diferentes grupos sociais usam a representação para fixar sua identidade e a dos outros".

Segundo Leif e Brunelle (1978), a criança, ao brincar, pode ou não utilizar um objeto simbólico (brinquedo), capaz de estimular a representação e expressar imagens que evocam aspectos da realidade, oferecendo um substituto de objetos reais.

A criação de um espaço e tempo, mágicos pelas crianças, contrapõe os mitos criados pelas sociedades tecnizadas e colonizadas, já citada na literatura por Andrade (1984) em seu personagem lendário Macunaíma. A tradição indígena mostra que devemos manter nossa atenção ao que acontece no momento presente e isso exige uma resposta criativa.

Na visão sócio-histórica de Vygotsky (1989), a brincadeira é uma atividade específica da infância, em que a criança recria a realidade usando sistemas simbólicos. Essa seria uma atividade humana criadora, num contexto cultural e social, no qual aspectos de imaginação e fantasia interagem com a realidade, na construção de novas possibilidades de interpretação, de expressão e de ação. Assim, as relações sociais com outros sujeitos estabelecem-se. Para o referido autor, a criança, ao brincar, cria uma "zona de desenvolvimento proximal", que é a distância entre o "nível atual de desenvolvimento", determinado pela capacidade de resolver independentemente um problema, e o nível de "desenvolvimento potencial", determinado através da resolução de um problema, sob a orientação de outra pessoa, supostamente mais capaz. A partir desse entendimento, as brincadeiras de "faz-de-conta" são privilegiadas em suas discussões, sobre o papel do brinquedo, no desenvolvimento da criança. Pode-se dizer que o "faz-de-conta" é correspondente ao que Piaget (1975) chama de "jogo simbólico".

O poder simbólico da brincadeira permite ir além do real – num mundo de encantamentos, de alegrias e de sonhos. Um "entrelugar" onde a realidade e a fantasia se articulam e se confundem. Uma área habitada que não pode ser facilmente abandonada, que implica a construção do processo identitário do sujeito, capaz de atuar sobre a imaginação, representação e ação. Kishimoto (1993) vai ao encontro dessa compreensão ao entender que o brincar é "um reduto da livre-iniciativa da criança" capaz de abrir um espaço para a apreensão de significados do contexto e de oferecer alternativas para novas conquistas no mundo imaginário.

Partilho com Kunz (2003) a ideia de que é no brincar que a criança constrói simbolicamente sua realidade e recria o existente, a partir de ações cotidianas. A atividade espontânea da criança, que brinca livremente, pelo prazer do fazer, conforme suas motivações internas, com um fim em si mesmo, é que permite novas criações e decisões sobre os papéis que vai assumir/representar. Neste sentido, a vivência das relações, que podem advir com as brincadeiras, resulta numa gama de subsídios para instigar a curiosidade, expressar dúvidas, levantar eventuais hipóteses e resolver problemas.

Dizer que a criança deve brincar parece trivial, mas não é. O brincar tem sido "desdenhado" com o passar do tempo. Não se trata de uma atividade artificial com finalidades instrucionais e, quando isso acontece, o descaracterizamos. Consequentemente, furta-se a fantasia e nega-se o ser criança.

O brincar é algo constituinte da existência infantil e da maneira que a criança tem de lidar com a realidade. As crianças ao brincar constroem representações tão reais, tanto quanto é o trabalho intelectual para os docentes. Faz parte de sua vida de forma intrínseca, independentemente da interferência dos adultos.

A escola é um dos poucos lugares onde a criança ainda pode vir a ter espaço para construir o seu próprio pensamento e dominar suas ações de maneira espontânea. Contudo, penso ser uma injustiça e uma negligência, para com as crianças, desvirtuar ou privar precocemente esse aspecto na infância.

É demasiada a preocupação dos professores em criar ambientes intelectualmente adequados para infundir respeitabilidade às suas funções, com didáticas e metodologias que deem utilidade ao tempo em que as crianças passam na escola. O caráter intencional e premeditado das atividades educativas, não raro, acaba por abortar a interação lúdica.

Ao querer transformar o ensino em algo mais prazeroso e amigável, utilizando o brincar como um recurso para suavizar a dureza das tarefas escolares, os professores acabam por resultar numa prática instrumental, que nem brincadeira, nem atividade de ensino são, o que não convence nem mestres nem crianças. Fortuna (2005) destaca que os professores acabam tomando tão a sério a associação aprendizagem-brincadeira que descaracterizam esta última, transformando-a em ensino dirigido, inibindo a ação do brincar. Isso vem a formar "crianças-utentes e não crianças criadoras" (BARTHES, 1993, p. 42).

O brincar é a prova mais evidente e constante da capacidade criadora. Desta forma, concordo com as ideias de Winnicot (1975) quando nos pontua, enfaticamente, que é no brincar que o indivíduo criança ou adulto pode ser criativo e utiliza sua personalidade integral. Somente sendo criativo é que o indivíduo descobre o eu.

O brincar tem um caráter educativo por si só. No entanto, a característica de "gratuidade fundamental" é precisamente o que mais o faz desacreditar (CAILLOIS, 1990). Portanto, seria, no mínimo, interessante discutir, com maior afinco, as brincadeiras que os docentes desenvolvem e como e quais são as brincadeiras que as crianças ensejam; afinal, estas são protagonistas, capazes de (re)criar cultura, gerar conhecimento e não serem apenas suas receptoras.

A criança não tem muitas chances de aprender, quando vive aprisionada sob valores que os adultos julgam convenientes. Se fizermos um "Estado da Arte" sobre o universo infantil, nem precisamos chegar a tanto, basta olhar a nossa volta, perceberemos que há uma produção científica significativa que aborda problemas relacionados às crianças e ao seu fracasso – depressão infantil, estresse, sedentarismo, dificuldades de aprendizagem, entre outros, e, muito pouco, sobre a sua felicidade.

O ambiente humano vem sendo bruscamente deteriorado; esse aspecto nos adverte sobre a necessidade de se tomar consciência da importância das circunstâncias criadas, nos ambientes de aprendizagem, e da necessidade de sua revitalização (BARCELOS, 2006b). É essencial criar ambientes de convivência, diálogo e amorosidade, onde prevaleçam o prazer em aprender.

Os adultos frequentemente têm dificuldades em se envolver e ouvir as crianças. Ao subestimá-las e silenciá-las, perde-se o sentido das coisas simples e vão-se com elas também as relações importantes. Dar condições às crianças de se expressarem, ouvindo e aceitando o que dizem, é um exercício que possibilita a sua compreensão, e aquele que aprende a compreender as crianças se abre para todos.

O olhar educativo precisa ser desafiado a enxergar que o brincar é uma viva expressão da infância. Há necessidade de revisar criticamente a relação entre o brincar e o ensino, para que este não acabe com aquele, através de sua "escolarização". Pavía (2006) enfatiza que o professor precisa mudar de atitude e conseguir ver a brincadeira do ponto de vista da criança, indo, com isto, além de um adestramento racional ou de um entretenimento circunstancial.

As possibilidades de brincadeiras são inesgotáveis e muito maiores que possamos imaginar. No entanto, acredito que as crianças brincam pouco. E não é pela falta de leis[6] que assegurem esse direito. Vários são os documentos que as explicitam como uma prioridade, mas sabemos que isso vem sendo ignorado na prática. A escola faz parte de uma sociedade que não dispõe de muitas alternativas e espaços para as vivências do brincar. A falta de políticas públicas para o lazer, associadas ao crescimento desordenado das cidades, especialmente as de maior porte, não contemplam as crianças.

A tese de doutoramento de Knackfuss (2002) destaca o medo da violência como um dos principais motivos que restringem os movimentos das crianças,

---

[6] Direito assegurado pela Constituição Brasileira de 1988; Convenção das Nações Unidas sobre os Direitos da Criança em Assembleia Geral das Nações Unidas de 1989; Estatuto da Criança e do Adolescente (ECA) de 1990; Parâmetros Curriculares Nacionais (PCNs) da Educação Física de 1997.

moradoras da região central da cidade de Santa Maria/ RS. Para elas, a violência ainda não é um fato real, no entanto, para os pais, representa essa possibilidade. Temem que seus filhos mantenham contato com adultos e/ou estranhos. As ruas não oferecem segurança. O trânsito é violento. É a droga, é a prostituição, é a criminalidade. Há uma lista enorme de medos. Cria-se um mundo que requer uma série de medidas de segurança, que, por sua vez, desencadeiam essa sensação também nas crianças.

Independentemente de condição econômica (pois são inúmeros os projetos sociais que assistem os menos favorecidos), tornou-se comum os pais exigirem dos filhos um excesso de atividades, tidas como necessárias à capacitação para os futuros processos de seleção. Envolvidos pela competitividade da sociedade, as crianças são matriculadas em aulas de reforço, informática, línguas, escolinhas desportivas, entre outras. A criança é inserida precocemente à especialização/qualificação, através de inúmeros afazeres extracurriculares. No entanto, não quero dizer que tudo isso não venha a trazer possíveis benefícios à formação da criança ou não venha a despertar a sua capacidade criativa. O problema é quando isso se transforma num sistema de vida.

Como agravante do problema, é possível constatar que os pais, sempre com pressa, brincam cada vez menos com os seus filhos (se é que brincam), por acreditarem que seja um passatempo ou uma atividade oposta ao trabalho, o que compromete, portanto, o futuro sucesso das crianças.

A criança é pressionada a todo instante a buscar resultados. Esse é um aspecto típico do meio social em que está inserida, o qual tenta moldá-la à sua imagem e que, na maioria das vezes, pais e professores são representantes ou intermediários. É comum ouvir dizer que aquela que não se adequar ao sistema "ficará para trás". As brincadeiras vão desaparecendo da escola proporcionalmente ao aumento da idade da criança, por não ter um caráter supostamente produtivo. Essa cobrança exagerada é uma atitude equivocada, pois contribui pouco para a sua felicidade. Além de negar a ludicidade, estamos sendo coniventes com a manutenção da domesticação e do autoritarismo (MARCELLINO, 1990). Precisamos urgentemente rever os modos de pensar e agir humanos.

As mudanças no cotidiano e nos espaços de vida das crianças privam-nas de experiências elementares. Por isso, faz-se necessário estimulá-las ao máximo dentro e fora da escola. Para as crianças, a necessidade de explorar, conhecer e experimentar são muito grandes e, à medida que brincam, descobrem o mundo que as cerca. De outra forma, a interação ativa, com outros sujeitos, oportuniza uma variada gama de experiências e conhecimentos, os quais são seus alicerces na formação pessoal e social.

Nas relações estabelecidas pelas brincadeiras, sejam elas criança-criança ou criança-adulto, são oportunizadas interações de aprendizado mais relevante e significativo. Aprende-se a (con)viver e a (re)conhecer o outro de maneira amorosa. Cria-se um ambiente de motivação, propício para vivenciar valores.

Pelas brincadeiras, as crianças tendem a manifestar o que dificilmente expressariam por meio de palavras; procuram interpretar/sentir determinadas ações humanas e aprendem vivendo algo sempre novo, mas não distante da realidade, num espaço, cujo aspecto de simulação e imaginação fornece uma oportunidade educativa única. Portanto, é uma situação privilegiada de aprendizagem espontânea, senão a forma mais completa de aprender e educar.

Acredito na grande importância do brincar como um território de aprendizagem, que além de ser uma forma gostosa de aprender, proporciona algo fundamental no ser humano: a construção de sua independência e liberdade.

Quanto mais experiências as crianças tiverem, maiores serão as facilidades de aprendizagens mais complexas, em função das possibilidades de interação (GONÇALVES, 1994). Percebo, ainda, que, por trabalhar com todos os sentidos das crianças, o brincar possibilita desenvolver processos ligados à inteligência, imaginação, criatividade, inventividade, autoestima, motivação, cooperação e iniciativa.

Desperdiçamos o potencial imaginativo da brincadeira com a qual a criança está envolvida e, com ele, também desperdiçamos um trabalho educativo capaz de promover diferentes manifestações de corporeidade, singularmente criadoras. A preocupação em manter os alunos ocupados, com um número excessivo de atividades e com o processo de disciplinarização do comportamento, empobrece as oportunidades que se apresentam propícias para uma Biologia do Amor.

Capítulo 3

O CAMINHO PERCORRIDO

"Não chovia há muitos e muitos meses, de modo que os animais ficaram inquietos. Uns diziam que ia chover logo, outros diziam ainda que ia demorar. Mas não chegavam a uma conclusão.

— Chove só quando a água cai do teto do meu galinheiro – esclareceu a galinha.

— Ora, que bobagem! Disse o sapo de dentro da lagoa. Chove quando a água da lagoa começa a borbulhar suas gotinhas.

— Como assim? – disse a lebre – está visto que só chove quando as folhas das árvores começam a deixar cair as gotas d'água que tem lá dentro.

Nesse momento começou a chover.

— Viram? – gritou a galinha. O teto do meu galinheiro está pingando. Isso é chuva.
— Ora, não vê que a chuva é a água da lagoa borbulhando? – disse o sapo.
— Mas, como assim? – tornava a lebre. Parecem cegos? Não veem que a água cai das folhas das árvores"?

Millôr Fernandes

3.1 As Contribuições da teoria das Representações Sociais

Diversas são as tentativas de entendimento da realidade. Para alguns, é algo evidente, para outros, nem tanto. Para não me prolongar em uma discussão extensa sobre esse assunto, inicio este capítulo com uma das ideias de Maturana (2001), ao sustentar que aquilo que entendemos ou chamamos de realidade é tão somente a descrição das experiências vividas pelos seus observadores. Assim sendo, a realidade envolve as ideologias, as representações, os símbolos, as crenças, os valores, enfim, todas as dimensões que constituem a nossa forma de viver, ver e representar o espaço que está a nossa volta.

Na tentativa de explicar a realidade, por muito tempo a ciência desconsiderou a contingência. No seio da modernidade, criou-se uma representação de ciência onisciente e onipotente – um equívoco. Para Costa

(2002a, p. 18), "o endeusamento desse tipo de pensamento está impregnado de 'parâmetros' que enquadram todos, homogeneizam tudo, definindo certo e errado, bom e mau, falso e verdadeiro, etc." A criação desse mito, repleto de convicções, limita outras formas de conceber/entender o mundo; assim, ter que enfrentar as metodologias, em nossas investigações, é algo que nos torna frágeis emocionalmente.

Seria muita ingenuidade e pouco inteligente ainda persistir em análises de pesquisas, utilizando noções gestadas no seio das metanarrativas fundantes da modernidade. É necessário "desvencilhar-se da superioridade das certezas e contestar radicalmente a independência e a primazia do método" (COSTA, 2005, p. 202).

Na tentativa de superar as limitações impostas pelo formalismo metodológico e de suas "grades totalizantes e homogeneizadora", estão sendo reinventadas antigas perguntas ao orientar novas buscas. A disposição e o propósito de questionar, de contestar, de "fazer novas perguntas a antigos problemas" (COSTA, 2002b) são gerados por um pesquisador insatisfeito com as dicotomias, os privilégios e a discriminação.

Por mais elaborada que seja uma teoria, sei que nenhuma delas dá conta de explicar todos os fenômenos e processos. Entretanto, acredito que a teoria das Representações Sociais é um fecundo campo de investigação. Pela sua relevância na busca do diálogo entre as diferentes áreas de conhecimento, pela abertura epistemológica, torna-se um referencial em minha pesquisa, possibilitando aproximar aquilo que um determinado grupo de professoras pensa com algumas de suas condutas. Trata-se de uma teoria dotada de complexidade (MORIN, 1992), que tem como desejo estudar e conferir significações às relações de simbolização e de interpretação, que, por sua vez, resultam de uma atividade em que faz da representação uma possibilidade de construção e expressão do sujeito.

A teoria das representações é entendida por Gomes (1994, p. 71) como todos os "pensamentos, ações e sentimentos que expressam a realidade em que vivem as pessoas, servindo para explicar, justificar e questionar essa realidade". Com outras palavras, Barcelos (2001) propõe o trabalho, com a teoria das Representações Sociais, como uma possibilidade metodológica de diálogo com o mundo e não como um "decifrador de realidades". Ou seja, a compreensão dessa teoria permite entendê-la como uma possibilidade de aproximação com aquilo que os sujeitos são capazes de elaborar através de suas relações cotidianas. Com essa perspectiva, sua abrangência não se limita apenas a aspectos cognitivos, lógicos e racionais, mas também a elementos simbólicos, míticos, afetivos, religiosos e culturais, ligados a *status*, poder, prestígio, etc.

Para o pensador romeno, naturalizado francês e precursor dessa teoria, Serge Moscovici (2003), as Representações Sociais são teorias coletivas sobre o real que regem as condutas. Pode-se afirmar que está centrada na investigação do conhecimento do senso comum, que se tem sobre um determinado tema, incluindo também os preconceitos, ideologias e características específicas das atividades cotidianas das pessoas, as quais estão constantemente se desenvolvendo, da infância à maturidade. Para esse autor

> *as representações sociais são sempre complexas e necessariamente inscritas dentro de um "referencial de um pensamento preexistente"; sempre dependentes, por conseguinte, de sistema de crença ancorados em valores, tradições e imagens do mundo e da existência. Elas são, sobretudo, o objeto de um permanente trabalho social, no e através do discurso, de tal modo que cada novo fenômeno pode sempre ser reincorporado dentro de modelos explicativos e justificativos que são familiares e, consequentemente, aceitáveis* (MOSCOVICI, 2003, p. 216).

Nesta perspectiva, a representação engendra a tradução e a interpretação mental de uma realidade exterior percebida, o que possibilita estudar a difusão dos saberes, a relação pensamento/comunicação e ver as pessoas e suas atitudes de maneira menos especializada e mais interdisciplinar.

Pelo olhar psicossocial[7] dessa teoria, Moscovici (2001) destaca que as representações podem ser entendidas como "uma passarela entre os mundos individual e social", o que vem a auxiliar na compreensão sobre a relação existente entre um e outro. O autor (2003) postula dois processos importantes na formação das representações sociais: a "ancoragem" e a "objetivação".

A ancoragem seria a integração cognitiva que se faz do sujeito ou da situação representada. Para que o sujeito possa lidar com as percepções e as ideias que forma, diante de algo, ele precisa, em nível de consciência, criar categorias e imagens familiares, classificando, nomeando e estabelecendo relações. É criada uma rede de significações em torno do objeto. Já, através da objetivação, é dada uma "concretude" às imagens ou às noções.

Trata-se, também, de uma forma específica de conhecimento que Jodelet (2001) caracteriza e reconhece enquanto:

> *sistemas de interpretação que regem nossa relação com o mundo e com os outros –*

---

[7] As Ciências Psicológicas e Sociais (Psicologia Social) operam de maneira notável e convergente em torno das Representações Sociais, resultando em uma comunicação e colaboração mais estreita e recíproca.

> *orientam e organizam as condutas e as comunicações sociais. Da mesma forma, elas intervêm em processos variados, tais como a difusão e a assimilação dos conhecimentos, o desenvolvimento individual e coletivo, a definição de identidades pessoais e sociais, a expressão dos grupos e as transformações sociais* (JODELET, 2001, p. 22).

As representações sociais envolvem os sujeitos a partir das condições em que vivem e interagem, num processo criativo. O sentido atribuído a determinadas coisas ou objetos, e o próprio processo de atribuição são construções psicossociais, integradas à história pessoal e aos grupos com os quais interage, implicando a articulação indissociável e constitutiva de ambos. A pluralidade de relações e vínculos envolvidos possibilita novas descobertas, nunca esquecendo que "o ato de descoberta é necessariamente recíproco: quem descobre é também descoberto, e vice-versa" (BOAVENTURA SANTOS, 2002b, p. 22).

Todos os sujeitos ensinam e aprendem, sendo impossível, numa pesquisa, reduzir a aprendizagem proporcionada por ela a um movimento isolado do sujeito. Existimos vinculados a outras pessoas, à cultura, à história, às relações marcantes estabelecidas. Se o pesquisador detém o domínio de códigos específicos, é também verdade que o colaborador detém um saber sobre si e sobre o mundo, pelo qual interage e se situa. Na opinião de Madeira (2001), este saber carece de ser conhecido e reconhecido pelo primeiro, como condição para o estabelecimento efetivo de trocas. Trocas supõem relação, logo, reconhecimento do outro em sua condição de interlocutor qualificado. Desta forma, as representações permitem "um aprender do viver".

Mazzotti (1994) destaca que, nas interações sociais e conversações diárias, criam-se "universos consensuais", no âmbito dos quais novas representações vão sendo produzidas e comunicadas, passando a fazer parte desse universo não mais como simples opiniões, mas como verdadeiras "teorias" do senso comum, construções esquemáticas que visam a dar conta da complexidade do objeto, facilitar a comunicação e orientar condutas. Estas ajudam a formar a identidade grupal e o sentimento de pertencimento do sujeito ao grupo.

A vigorosidade das representações forma um complexo de ideias e motivações que não tendem à generalização. Para Guareschi (2000), as representações tomam, como ponto de partida, a diversidade dos indivíduos, atitudes e fenômenos, em toda sua estranheza e imprevisibilidade. Trata-se de um sistema de crenças e valores que possui caráter difuso e variado e que não é apenas individual, mas um conjunto amplo de significados criados e partilhados socialmente.

As representações são construídas e, em função delas, desenvolvemos a nossa própria prática. Expressamos de várias maneiras identidades sociais que delas resultam, às vezes, de forma variada e contraditória. Sua grande força, importância e poder explicativo podem auxiliar na identificação de possíveis razões de alguém atribuir determinadas causas e ações. Tomamos, por exemplo, o tema dessa pesquisa: o brincar. O sentido dado pelo seu significado, os comportamentos, estabelecimento de divisões, classificações, normas, etc. Ao refletir sobre a teoria, Rangel (1999) ressalta que uma das perspectivas de entendimento desta é o de perceber como os sujeitos percebem, constroem, elaboram e veiculam conceitos (afirmações, explicações) e imagens da "realidade".

As Representações Sociais não correspondem simples e puramente a objetivos operacionais, mas a fins de natureza hermenêutica, pois o seu significado não está dado. Exige interpretação por parte daqueles que lhes dão sentido, seja por sua própria subjetividade, como pelas situações vividas. O significado de qualquer coisa é produto da forma como essa coisa é socialmente construída através da linguagem e da representação, orientando a conduta das pessoas (HALL, 2005).

Um modo de interpretar o mundo é por meio das representações que as pessoas constroem da realidade, atribuindo-lhe significados peculiares e conferindo-lhe sentido. Essas representações, repletas de significados, fazem-se presentes na formação do professor, expressando-se nas mais diversas formas e momentos.

Dar voz ao professor proporciona examinar os aspectos simbólicos dos relacionamentos que se fazem presentes em seu imaginário e universos consensuais que habitam em sua diversidade, atitudes e fenômenos, estranheza e imprevisibilidade. Segundo Novaes (1992),

> *é através de símbolos, organizados em sistemas, que se expressam conhecimentos, sentimentos, razões, paixões. Em outras palavras, constata-se que a dimensão simbólica é constitutiva da ação humana. Está verbalizada no discurso, cristalizada no mito, no rito, no dogma e incorporada nos objetos, nos gestos, na postura corporal* (NOVAES, 1992, p. 126).

As representações são portadoras do simbólico, dizem mais do que aquilo que mostram ou enunciam, carregam sentidos ocultos que, construídos social e historicamente, se internalizam no inconsciente social e se apresentam como naturais. Isso, portanto, não significa que elas não possam ser modificadas e transformadas. Castoriadis (1987) enfatiza a incessante criação de significações "instituídas" e "instituintes" nas quais estamos inseridos. Numa dinâmica entre o que está posto (imaginário instituído) e o que pode vir a ser (imaginário instituinte), pode germinar uma possibilidade de criação e de abertura ao novo.

Os modos de pensar atravessam a sociedade e formam um complexo de ideias e motivações que se apresentam consolidados. Dessa forma, Reigota (1995) relata que as representações sociais equivalem a um conjunto de princípios construídos interativamente e compartilhados por diferentes grupos que, através delas, compreendem e transformam sua realidade. Podem ser vistas como forma de conhecimento e manifestadas através de elementos cognitivos e afetivos, sendo socialmente elaboradas e compartilhadas, contribuindo na construção de uma interpretação comum.

O dinamismo da teoria das representações, ao ser direcionado à Educação, possibilita vir a conhecer um pouco mais sobre as diferentes trajetórias docentes e suas concepções de mundo, visto que os sistemas de Representações Sociais, relativos à escola, não podem ser considerados independentemente de seus vínculos com outros sistemas gerais de representações sociais, dos quais dependem (GYLLI, 2001).

Essa teoria recebe contribuições de várias áreas do conhecimento, permitindo transitar em caminhos até então desconhecidos. Isso não é somente um desejo, na atualidade, é uma necessidade. Nesta perspectiva é que tomo a teoria das Representações Sociais nesta pesquisa. Ela pode ajudar a compreender a significação existente sobre o brincar e sobre a formação docente – um terreno marcado por inúmeros mitos. Para Rangel (2001), as próprias representações podem sofrer influências dos mitos. Podem expressá-los e divulgá-los, assim como há a possibilidade de impulsionar a diversidade e a invenção.

Diante de uma realidade que contempla múltiplas faces ou máscaras, composta por aspectos referentes a condições objetivas e subjetivas, o ouvir e o dialogar, com a complexidade existente, é fundamental. Para Antunes et al. (2004), não é mais possível rejeitar aquilo que não nos é familiar e isso é um grande desafio: reconhecer a legitimidade do outro, familiarizando-se a ele, desconstruindo e reconstruindo representações e imaginários sociais. Tudo isso traz à tona os desafios da complexidade da teoria que tomo como referência nesse livro.

3.2 A produção de informações na pesquisa: análise e procedimentos

A presente investigação busca conhecer algumas das representações e saberes que um grupo de professoras possui sobre o brincar, considerando e relacionando as suas representações sobre a docência, ingresso no magistério e processos de formação, ao longo de suas trajetórias de vida pessoal e profissional. Para tanto, o primeiro passo dado foi visitar algumas escolas. Essa ida ao encontro da instituição foi de fundamental importância para apresentar o projeto de pesquisa às professoras. Nessas oportunidades, torna-se comum a recusa do convite. Felizmente, no decorrer do segundo semestre de 2007, cinco professoras se dispuseram a realizar as entrevistas. Três delas são licenciadas em Pedagogia e atuam em escolas públicas da rede municipal, com turmas do 1ª Ano, 3ª Ano e 4ª Série do Ensino Fundamental. As outras duas professoras são licenciadas em Educação Física e atuam em escolas particulares, com turmas do 1ª Ano a 5ª séries do Ensino Fundamental. Por questões éticas, seus nomes, quando citados no decorrer do texto, serão pseudônimos, portanto, meramente fictícios. Todos escolhidos por elas mesmas: as Pedagogas: Luiza (1ª Ano), Maria Eduarda (3ª Ano), Ana (4ª Série); e as professoras de Educação Física: Alessandra e Rê (Séries iniciais).

Para a realização das entrevistas, horários foram agendados. As entrevistas foram orientadas a partir de um roteiro, subdivido em três momentos. No primeiro momento, as professoras relatam sobre a sua infância; no segundo, são narradas algumas das experiências, ao longo do processo de escolarização, até chegar à formação acadêmica; no terceiro e último momento, destacam-se as práticas docentes na atualidade.

Para a produção das informações, foi utilizada uma entrevista semiestruturada. As professoras foram as primeiras a constatar os resultados da pesquisa, pois se trata de uma reflexão sobre as suas vidas e as suas práticas, contando com a memória, como um suporte necessário, na reconstrução das experiências vividas.

Nas palavras de Gauthier (2001), a realização de uma pesquisa consiste em trabalhar com os conhecimentos individuais e sociais do indivíduo, esquecidos, recalcados, inscritos na profundidade do corpo ou na própria superfície da pele.

Em todos os encontros com as professoras, foram utilizados dois recursos: a) Gravações – em horários agendados e com tempo disponível para a entrevista; b) Diário de campo – anotações minuciosas referentes aos aspectos do estudo, condutas, conversas informais e expressões corporais.

Após a transcrição das entrevistas, busquei reler as anotações e frisar algumas das observações, as quais julgo serem pertinentes para a elaboração desse estudo. Procurei discutir, com extremo cuidado, alguns pontos, tendo como base o referencial teórico em Humberto Maturana. Faço, portanto, uma análise relacionando as falas das professoras com a bibliografia existente, considerando a subjetividade e a interpretação enquanto pesquisador.

Capítulo 4

O BRINCAR NAS REPRESENTAÇÕES DAS PROFESSORAS – DIALOGANDO COM AS IDEIAS DE HUMBERTO MATURANA

O brincar não tem nada a ver com o futuro. Brincar não é uma preparação para nada, é fazer o que se faz em total aceitação, sem considerações que neguem sua legitimidade. Nós, adultos, em geral, não brincamos, e frequentemente não o fazemos quando afirmamos que brincamos com nossos filhos. Para aprender a brincar, devemos entrar numa situação na qual não podemos senão atentar para o presente.

Humberto Maturana

4.1 O brincar para Luiza

A professora Luiza tem 38 anos. É licenciada em Pedagogia – Educação Infantil (1990) pela da Universidade Federal de Santa Maria (UFSM), sendo também habilitada a trabalhar com turmas de Séries Iniciais. No momento, trabalha numa escola municipal de Santa Maria/RS, com um grupo de crianças do 1ª Ano do Ensino Fundamental, estando seus alunos na faixa etária dos seis anos de idade.

Ao relatar sobre a sua infância, não se recordava com muita facilidade. Da escola, lembra-se do espaço da pracinha e da autoridade/repressão da professora, pois esse não era um local de muitas brincadeiras, como se pode constatar na seguinte fala:

> *Eu me lembro mais era de prestar atenção, de ser educada, de ser calma e de ser disciplinada. Muito assim, cobranças e não brincadeiras em si. Isso quando tinha cinco seis anos, que é o que a minha memória permite lembrar.*

O relato acima deixa evidente que, pela falta de oportunidades, foram poucos os momentos para brincar ao longo da escolarização. No entanto, a vida familiar era bem diferente. Com muitos irmãos e primos, pôde brincar bastante nos grandes pátios das residências de seus pais e avós. O seguinte recorte, expresso com alegria, diz respeito à importância dessas experiências na vida da professora:

> *A gente jogou muita bolita. Jogamos muito futebol. Brincamos de barro. Cabana de índio. Subimos em árvores. Fizemos até um bonde em cima dos arvoredos que tinha na "chacrinha" do vô – num pomar que tinha nos fundos do pátio. Então, a gente fazia um bondinho de madeira e descia de uma árvore a outra. Meninos e meninas todo mundo junto. Aí escolhia um cacique ou uma rainha. Aí pegava tudo: sementes, folhas, materiais da natureza pra fazer toda a indumentária da cerimônia. Então, foi muito divertido e muito explorado em termos de criatividade, de se sentir livre e solto pra criar seus próprios brinquedos e tal. E foi uma coisa que a gente também relacionava muito ao fato de ser primo, mãe e tal. Então, todo mundo era família ali. A gente se sentia muito seguro e muito a vontade de trocar e criar coisas e, com*

a permissão dos pais porque, naquela época, a gente tinha um bom espaço. Ficava até altas horas. Entrava noite à dentro. Enquanto não chamassem, não insistissem, a gente não parava de brincar e isso me marcou muito.

Percebe-se, pela fala de Luiza, que o ambiente que ela vivia em sua casa era bem oposto ao da escola: havia tempo para brincar. Caso nenhum adulto intervenha, as crianças continuam a fazer o que fazem. Elas sempre brincaram e sempre brincarão, se permitido.

Os anos passaram e Luiza ingressou no magistério. Nesse período, poucas foram as vivências e as discussões sobre o brincar. A seguir, um trecho de como eram organizadas as aulas nessa época:

A gente tinha um pouco de didática, de como administrar uma aula e de como fazer um planejamento: a introdução, o desenvolvimento e a conclusão. Mas não era uma coisa pautada na ludicidade ou na brincadeira. Bem pelo contrário. Era uma coisa, assim, que a gente se preparava mais em termos de currículo e dentro do tradicionalismo que os professores tinham que manter: de pulso, de fazerem obedecer. Então, a gente não tinha esse sentido de criar muito. Então, tinha aque-

les materiais: quadro de pregas, mimeógrafo que eram usados.

Constato, assim, pela fala da professora Luiza, que durante a vida escolar, da Educação Infantil ao Magistério, as suas aulas eram rigorosamente sistematizadas e direcionadas, sendo poucas as chances para brincar ou se manifestar.

Ao refletir sobre os espaços formativos do humano, Maturana (2002) afirma que toda criança necessita crescer num ambiente de confiança mútua, na aceitação corporal, sem exigências, e no prazer de estar junto, para se tornar um indivíduo bem integrado e social. Isso ocorre na ausência de manipulação ou instrumentalização das relações sociais, em que se nega a legitimidade de outro.

Neste sentido, acredito que a escola, como um "espaço artificial de convivência", tenha alguma contribuição a dar: desfazer o hábito de instrumentalizar todas as nossas relações e de reaprender a brincar.

A professora comenta que não teve nenhuma disciplina específica que abordasse a questão do brincar, no decorrer de toda formação acadêmica. As disciplinas de Psicologia e Desenvolvimento Humano eram as mais enfatizadas. A única disciplina que buscava dialogar com a temática do brincar era a de Teatro, cujo professor ainda é lembrado, pois estava sempre aberto às sugestões e disposto a organizar grupos de discussão.

Para Luiza, torna-se difícil trabalhar de maneira diferenciada com os alunos, quando o curso de formação inicial de professores proporciona poucas vivências. A professora percebe essa lacuna na matriz curricular e, consequentemente, em sua formação. Comenta que sabia que brincar era de fundamental importância para a vida da criança, mas sentia que o seu curso não estava a preparando para trabalhar com isso. Este foi um dos motivos pelo qual começou a participar das primeiras brinquedotecas realizadas na universidade.

Além de cursar magistério e Pedagogia, outras experiências foram significativas no decorrer de sua formação. Trabalhou desde muito jovem em classes de alfabetização, no Movimento Brasileiro de Educação Cristã (MOBREC), definida como uma "vivência primeira e única". Ao se envolver com as pessoas da comunidade, abriu-se um leque de possibilidades que ainda não dominava direito, mas que foi decisivo no momento da escolha pelo magistério e, posteriormente, pelo curso de Pedagogia. Afirma que, ao se formar, tinha a sensação de ter já uns 20 anos de serviço, devido às inúmeras vivências que antecederam a formação inicial.

Ao concluir o curso de Pedagogia, Luiza começou a trabalhar em uma escola de Educação Infantil. A equipe daquela instituição de ensino era composta de profissionais das mais diversas áreas do conhecimento: professoras, enfermeiras, fonoaudiólogas, psicólogas, nutricionistas e auxiliares (bolsistas). Professores universitários participavam das reuniões pedagógicas. Eles assessoravam os grupos com o intuito de atingir a qualidade do trabalho. E conseguiam. Nessa escola, a professora trabalhou durante cinco anos. Concomitante a esse período, também atuou em outras escolas particulares de Educação Infantil e começou a ser aprovada em concursos públicos.

Luiza atribui o interesse em trabalhar com o brincar como uma iniciativa de sua própria boa vontade, pois, no decorrer de toda formação acadêmica, não teve muitas leituras ou pesquisas sobre o assunto. Conta que, certa vez, pegou livros emprestados de uma amiga com a intenção de ampliar suas leituras. No entanto, não concordava muito como estes prescreviam as atividades e, portanto, fazia de outra maneira. Segue um trecho de sua fala:

> *Eu fazia do meu jeito porque eu sempre achei que pra Educação a afetividade, o amor e a boa vontade já são um tanto por cento desse processo todo. Então, pra trabalhar com Educação não precisa ser um cara com muitas técnicas [...] e querer botar em prática tudo aquilo que tu leu. Mas eu acho que tu tem que estar sempre revendo o que tu está fazendo.*

A professora contraria a ideia de privilegiar a aprendizagem pelo excesso de técnicas. Prefere destacar outros aspectos, os quais seriam mais positivos na formação da criança. Um desses aspectos é o amor.

Sobre esse assunto, nada mais oportuno que trazer à tona os estudos de Maturana e Verden-Zöller (2004), os quais afirmam que o amor, assim como o brincar, são modos legítimos e essenciais do viver humano em relação e fonte comum de todas as atividades superiores. Recorro a uma passagem no livro *Amar e brincar – fundamentos esquecidos do humano* para, através das próprias palavras dos autores, melhor explicita a que me refiro:

> *O amor e a brincadeira não são conceitos nem ideias abstratas na história que nos deu origem. São aspectos de uma forma de vida que se manteve, geração após geração, como uma referência operacional em torno da qual mudou todo o resto, no devir evolutivo da linhagem de primatas à qual pertencemos. Ou seja, o amor e a brincadeira eram formas não reflexivas do modo de ser mamífero dos primatas bípedes que foram nossos ancestrais pré-humanos: simples costumes ou maneiras de relacionamento mamífero, cuja conservação como aspectos centrais de seu modo de viver tornou possível a origem da linguagem* (MATURANA; VERDEN-ZÖLLER, 2004, p.247).

Neste sentido, o amar e o brincar se mantiveram na evolução dos primatas, por serem o próprio fundamento do humano, ou melhor, o que os torna humano. Seguindo esta proposição, a consciência individual e social da criança teria surgido mediante as interações corporais estabelecidas com suas mães e com outros seres, numa dinâmica corporal de total aceitação mútua. As crianças, ao crescerem na convivência amorosa e num ambiente de respeito incondicional e fraterno, numa relação de carícias na intimidade do brincar, mantiveram o humano.

Vale ressaltar ainda que, para Maturana (1998), a linguagem surgiu por estar relacionada com as "coordenações de ações" que se estabelecem de forma "consensual", entre os envolvidos no processo de "conversação"[8]. Para Maturana (2002), a relação da criança em viver no livre brincar com a sua mãe é um processo que se estende durante toda a vida no que se refere à geração cotidiana do mundo que se vive como uma expansão multidimensional da própria corporalidade, pois:

> *ao mudar nosso viver na mudança de nossa corporalidade, muda nosso teorizar e a temporalidade de nossa existência, não como meros aspectos de nossa subjetividade*

---

[8] A conversação é entendida por Maturana (1998) como o fluir entrelaçado de linguajar com o emocionar, uma das proposições decisivas para o processo de aprendizagem.

> *em relação com um mundo que existe com independência de nós, mas na concretude do mundo que criamos no viver* (MATURANA; REZEPEKA, 2002, p. 35-36).

Nas falas da professora Luiza, ficou evidente a demasiada preocupação que os pais dos alunos têm pelo ensino da leitura e da escrita. Quanto mais trabalhos escritos, melhor. O professor é excessivamente cobrado. Relata que, ao proporcionar momentos para as brincadeiras, torna-se comum as aulas serem consideradas improdutivas. Os pais dizem: – *"olha lá oh, passaram a tarde brincando"*! Como se dissessem: – *"não fizeram nada"*! Não percebem que professores e alunos, ao brincar, estão aprendendo e "criando mundos".

Sobre essa questão, Maturana (2004) alerta para o fato de que temos dificuldades em perceber as relações existentes, da mesma maneira que estão interligados o racional e o emocional, ou ainda, o biológico com o social e o cultural, também o amar e o brincar. Estão entrelaçadas espontaneamente, como aspectos legítimos do viver, em seu fluir. Por isso, acredito que aquele que não brinca também terá dificuldade para amar. Quero destacar mais uma vez que o amar, neste texto, tem uma conotação de emoção e fundamento humano.

As exigências educativas geralmente privilegiem os processos cognitivos da criança. Tal limitação pode gerar perdas irreparáveis em suas vidas, como muito bem salienta Luiza:

> *A gente não tem que se preocupar tanto em só cognição [...] desrespeitando a idade e a fase em que ela se encontra. Então, eu acho que tem que deixar ser criança! Tem que brincar mesmo! Tem que se sujar mesmo! Porque é nessa hora ou então a gente vai ter que assumir outras coisas e não ter mais tempo pra isso.*

Pelo exposto acima, percebe-se que a professora critica a predominância do pensamento cognitivista para a infância. Nesta perspectiva, as brincadeiras desempenham o papel de mero suporte para a aquisição de competências: ler, escrever e contar, vistas sempre como um instrumento para outra coisa, com o intuito, de uma maneira ou de outra, formar pequenos intelectuais críticos.

A influência cognitivista trouxe para a infância o saber dominante do cientificismo. Essa tendência sobrecarrega a criança, deixando-a quase sem nenhum espaço para brincar. Tal concepção de aprendizagem problematiza, portanto, a concepção intelectualista pautada nos pressupostos racionalistas da modernidade, a qual concebe o corpo e os sentidos como instrumentos no processo de conhecimento, ou então, como responsáveis por enganos, por erros, sendo, então, descartados ou considerados acessórios no processo de construção do conhecimento. Em nome da proclamação dos "direitos abstratos", a educação nega todos os demais direitos da criança. A educação requer outra dinâmica, mais humanizadora.

A professora considera importante o brincar. Essa maneira de pensar e atuar torna-se compreensível devido a sua própria história de vida, mencionada anteriormente. Para ela, brincar é aprender e isso sempre esteve muito claro. Afirma dar a devida importância a qualquer tipo de brincadeira, sendo algumas delas: a estátua, as rodas cantadas e a do "pato cinza" – uma versão do ovo choco – além de várias outras atividades ao ar livre, seja na pracinha ou na quadra, as quais denotam bastantes movimentos. Estas são as preferidas, por serem em lugares abertos e mais espaçosos, havendo maior participação dos alunos, devido à sensação de liberdade.

A liberdade, bem como a responsabilidade, são duas dimensões de todo afazer humano. Somos livres no momento em que refletimos sobre o nosso afazer e nos damos conta se queremos ou não esse nosso querer com as consequências de nossas ações. Somos responsáveis no momento em que refletimos e nos damos conta se queremos ou não as consequências de nossas ações (MATURANA; REZEPEKA, 2002).

O interesse dos alunos pelas aulas depende de como estas estão organizadas. Geralmente, a professora realiza brincadeiras que já fazem parte da cultura local, as quais as crianças já conhecem e estão acostumadas. Outras brincadeiras são resgatadas da época de infância da própria professora. É uma troca que fomenta a inventividade, através da qual ambos aprendem: os alunos com a professora e a professora com os alunos.

Para Maturana (2002), as relações de aprendizagem não são unilaterais. A aprendizagem é um fruto da ação que o aprendiz tem com o meio, concomitantemente, o meio também muda, como produto da relação aprendiz-meio. Ou seja, o professor também aprende nessa relação com o aprendiz.

A professora acredita na cooperação e na socialização do brincar e procura trabalhar com brincadeiras cooperativas, na tentativa de superar o apreço à vitória e à premiação, já disseminada pelos jogos competitivos. No entanto, os alunos se empolgam com esse tipo de brincadeiras. Um exemplo típico é a brincadeira do "Cabo de guerra". As interséries escolares e os campeonatos entre pais e alunos, onde disputam premiações, estimulam ainda mais a competição.

Considerando a ideia trazida por Maturana (2002) de que os seres humanos se fazem humanos, no mundo em que vivem, no viver, não sendo definidos por uma estrutura genética em particular, percebemos que a competição é uma opção estabelecida no espaço cultural. A importância de educar as crianças para a superação de uma cultura patriarcal, de obediência e alienação, por uma cultura matrística[9] é capaz de proporcionar harmonia ao viver e a compreensão de que uma sociedade solidária se constitui a partir da aceitação, do acolhimento e do respeito mútuo.

Nas entrelinhas das falas de Luiza, pude anotar algumas de suas representações sobre o brincar. Ora entendido como um momento "prazeroso de troca de experiências"; um espaço para "fazer amigos" e "superar limites", "expressar conhecimentos e sentimentos", "melhorar a postura", "viver valores" e "a ser flexível", ora entendido como um momento destinado à aquisição de "domínios" até então inexistentes.

Abaixo, uma dessas passagens que se apresentam um tanto confusas:

> *Eu vejo que nem todos conseguiram captar essa ideia: que brincar é aprender, é desenvolver em si. Porque toda brincadeira tem suas regras: é pensada, tem seus objetivos, é planejada. Não aquele brincar pelo brincar, sem objetivo nenhum. Uma coisa sem intervenção, sem intenção.*

---

[9] A expressão "matrística" é designada a uma cultura na qual homens e mulheres podem participar de um modo de vida centrada numa relação de confiança e participação, não hierárquica de controle e autoridade.

Entendo nessa fala que, para a professora, o brincar não é uma atividade espontânea, pois exige planejamento, regras e objetivos específicos para um determinado fim. Essa ideia é novamente reforçada quando a professora afirma que o "o brincar é algo que vem carregado de regras e conteúdos, os quais a criança assimila e aceita muito melhor do que de qualquer outra forma".

Vejamos mais uma de suas falas em que faz referência a esse entendimento:

> *Eles chegam à escola pensando que vão fazer o que querem. Que não vai ter essa organização, esse respeito mútuo, essas coisas. Eles brincam na rua, soltos à vontade, porque os pais não estão ali para orientar, ou com os manos. E, os manos, meio que também fazem uma coisa não tão de regras, nem tão de como se joga a maneira correta. Ou então eles são sozinhos mesmos. São crianças de apartamento, filho único e tal. Então, assim, é na escola que junta o grupo e as regras são colocadas pra todos e eles:* – ah! Mas eu jogo assim! Na minha casa eu jogo assim! Não! Eu não gosto de dividir! *Entende?! Aí começam a surgir essas dificuldades de trabalho em grupo.*

Fica claro, pela citação acima, que o brincar é entendido pela professora como uma atividade organizada e orientada, embora tenha criticado isso anteriormente em sua própria formação. Luiza afirma que há uma maneira correta de brincar e que se faz necessária a orientação por parte de um adulto. O brincar não é percebido com um fim em si mesmo, mas é usado como uma estratégia para a socialização, embora surjam conflitos em sua organização. Nesse sentido, o brincar assume um papel como um meio de aprendizagem da matemática, das ciências, da língua portuguesa, etc.

Contrariando essa maneira de pensar, Maturana (2004) afirma que o brincar é uma atividade realizada de maneira livre, plenamente válida em si mesma, no desfrute do fazer, ou seja, uma atividade sem intencionalidades/objetivos, desempenhada sem nenhum propósito que lhe seja exterior, vivida no presente de sua realização e de modo emocional.

O brincar é frequentemente associado a jogos educativos pela professora. Ela menciona as novas versões de jogos que estão sendo remetidos à escola, cada vez mais elaborados e desafiadores. Comenta que muitos de seus alunos têm dificuldades em brincar com esses jogos, por mais simples que aparentem ser (jogo de memória e quebra-cabeça). A dificuldade aumenta quando se trata daqueles mais complexos (xadrez). É comum os alunos demorar semanas para montá-los ou até mesmo para compreendê-los. Alguns persistem, outros desistem.

Para Luiza, as crianças geralmente optam por aqueles brinquedos que não "precisem pensar muito", fugindo, assim, dos desafios:

> *As crianças vêm com muita preguiça. São de ver muita televisão, computador, brinquedos prontos e, à medida que tu tem que construir ali, ou pensar, ou se desgastar um pouquinho, às vezes, desinteressa. Às vezes, largam aquilo ali e já querem voltar pra aquele brinquedo que ele já domina. Então, a gente vai lá e faz todo o incentivo: não! Vamos lá! Vamos tentar! Vamos fazer juntos!*

Se há crianças que brincam livremente nas ruas, constata-se também que há crianças com pouca ou nenhuma vivência extraclasse. Ao chegarem à escola, não se sentem motivadas a ousar e a criar, limitando-se a ter o mesmo comportamento. Por outro lado, a fala também demonstra o desconforto dos alunos em ter de realizar atividades pré-determinadas pela professora.

O brincar se manifesta num ambiente que requer inocência, sendo esse aspecto facilmente perdível. Em geral, o brincar é desdenhado, porque exigimos um propósito para a maioria de nossas interações e relações, exercendo influência em nossa maneira de viver, limitando-nos em relação às emoções e não permitindo aceitar a nós mesmos e aos outros na legitimidade do seu ser.

Em geral, não vivemos a vida no presente, mas no futuro – em relação ao que queremos; ou no passado – em relação ao que perdemos. Temos o hábito de nos orientar para a produção em tudo o que fazemos, como se isso fosse algo natural:

> *Nessa cultura, não fazemos apenas o que fazemos. Trabalhamos para alcançar um fim. Não descansamos simplesmente; nós o fazemos com o propósito de recuperar energias; não comemos simplesmente, ingerimos alimentos nutritivos; não brincamos simplesmente com nossas crianças, nós a preparamos para o futuro* (MATURANA; VERDEN-ZÖLLER, 2004, p. 143).

Geralmente os professores desprendem muitos esforços na tentativa de preparar as crianças para as ações futuras. Ao enxergar um futuro, não veem a própria criança e acabam por negar um aspecto central da infância – o brincar. Para os pequenos, o futuro é uma possibilidade e não uma certeza. Por isso, as crianças procuram obter, no presente, tudo aquilo que é possível, contrariando a posição dos adultos, que lhes veem como um sujeito a ser educado para o amanhã.

Luiza comenta que já foi mencionado que o brincar deveria estar mais presente em todas as aulas da escola. Inclusive, cogitou-se a possibilidade em discutir sobre o assunto nas reuniões pedagógicas. No entanto, esbarram na falta de tempo, sendo priorizadas outras atividades consideradas mais importantes, a exemplo da divulgação de recados ou solucionar problemas de alunos. Somado a isso, não há um acervo significativo de livros sobre o tema e faltam materiais.

Em dada oportunidade, a prefeitura solicitou um representante de cada escola para participar de um curso, onde o professor seria capacitado a "confeccionar jogos". Posteriormente, aquele aprendizado deveria se multiplicar no local de trabalho. A proposta não teve êxito, pois as escolas resistem à ideia, o que limita desenvolver um trabalho diferenciado.

4.2 O brincar para Maria Eduarda

Maria Eduarda tem 32 anos. É licenciada em Pedagogia pela UFSM desde o ano de 1990. Atualmente, trabalha com uma turma do 3ª Ano do Ensino Fundamental. Natural de Santa Rosa/RS, chegou a Santa Maria/RS há mais de 20 anos, quando ainda criança. Desde que os seus pais se mudaram, vive no centro da cidade, sendo que passou a sua infância neste mesmo local.

A professora lembra de poucas brincadeiras de infância. As recordações que mais a marcaram foram os momentos em que vivera junto aos amigos e vizinhos. Na rua, em frente à casa de seus pais, podiam divertir-se ao jogar bola, vôlei, pular corda, esconde-esconde ou de polícia e ladrão, além de tantas outras brincadeiras criadas por elas mesmas. Ao entardecer, formavam-se rodas de amigos para tomar chimarrão, das quais Maria Eduarda também participava. Outrora o tráfego local não era tão intenso e a rua não tinha asfalto, o que vinha a permitir brincar bastante e com tranquilidade. Não havia outros compromissos a não ser em relação ao cumprimento de horários e às tarefas escolares.

Lembranças de brincadeiras vivenciadas pela professora, no espaço escolar, são raras. Recorda apenas que a sua professora levava a turma para brincar na pracinha. Esforça-se para trazer à memória mais particularidades, mas não consegue recordar. Lembra-se dos jogos de handebol, mas isso foi a partir da quinta série, nas aulas de Educação Física. O Ensino Médio Normal foi cursado no Colégio Manuel Ribas na cidade de Santa Maria/RS e, dessa época, não lembra de ter brincado. Afirma que, na adolescência, surgem outras preocupações, a exemplo dos namorados (risos). Por isso, tem a impressão de que, no decorrer deste período, o brincar ficou um pouco esquecido.

Até concluir o Ensino Médio, Maria Eduarda não pensava em ser professora. Participou três vezes do vestibular para o curso de Farmácia – todas frustradas. Por influência de uma amiga, mudou de ideia e tentou ingressar no curso de Pedagogia, obtendo êxito. Com o passar do tempo, percebeu que isso era realmente o que buscava e descobriu a sua verdadeira profissão: "eu nasci pra isso"!

No curso de Pedagogia, questões sobre o brincar foram discutidas brevemente, tendo apenas uma noção geral sobre o assunto. Para a professora, isso não veio a comprometer a qualidade das aulas ou a tirar os méritos do trabalho desenvolvido pelos seus mestres, sendo que as disciplinas de Teatro, Educação Física e Educação Artística abordavam o conteúdo de maneira direta ou indiretamente. Assim, ela relata sobre o referido assunto:

> *Eu acho que o jogo ficou meio que uma metodologia. Uma forma de trabalhar os conteúdos com as crianças. Uma forma diferenciada. Uma forma mais lúdica, mais alegre, sabe!*

Percebe-se, assim, que o brincar não foi trabalhado como um tema em específico, mas utilizado como uma metodologia de ensino, a qual também deveria ser utilizada posteriormente pelos seus alunos, ao se tornarem professores. O aspecto lúdico da brincadeira seria uma forma diferenciada para o professor lidar com os conteúdos.

O primeiro emprego de Maria Eduarda, após concluir o curso, foi com a Educação de Jovens e Adultos (EJA). Essa experiência, que durou um ano e seis meses, foi definida como "um desastre". Na época, a professora já tinha algumas vivências com a alfabetização de adultos, pois participava de um projeto do governo do Estado, mas não se sentia à vontade. A seguir um trecho de sua fala:

> *Os adultos já não gostam muito do brincar. Tinha uma senhora, era uma turma de senhoras e [...] a gente proporcionava algumas brincadeiras e elas gostavam assim, mas elas queriam ali aprender a ler e a escrever, porque eu trabalhava com alfabetização de adultos, né! Então, eu prefiro trabalhar com as crianças porque elas te abrem espaço pra ti brincar com elas, pra gente conversar, pra trazer coisas novas. São bem mais receptivas do que as pessoas de idade – as mais velhas. Eu acho que elas veem a brincadeira como algo que não tem uma finalidade. Brincar é... não tem aprendizado na brincadeira. É que depende também da forma que é colocado, eu acho né. Mas eram senhoras bem de idade já.*

Através dessa fala, percebe-se que os adultos tinham dificuldades em perceber o brincar como uma forma de aprendizagem. Pode-se destacar, também, a tentativa da professora em dinamizar as aulas com as brincadeiras, utilizando-as como um método de ensino para determinada finalidade, pois assim aprendera em sua formação inicial. Contudo, essas atividades não eram aprovadas pelo grupo de adultos.

A referida experiência veio a desmotivar a professora. Acreditava que a sua formação não era direcionada para atuar com adultos, mas às crianças. Os métodos utilizados, em aula, pela professora, eram bem distintos, embora afirme que, em alguns aspectos, pudessem vir a ser trabalhados em ambos os grupos – de crianças e de adultos. Quando as aulas não eram bem aceitas, a professora se questionava o que poderia estar errado.

A grande questão, a meu ver, não se trata da metodologia estar certa ou errada. Simplesmente, brincar não é um método para se alcançar um determinado fim, mas um fundamento humano.

Na cultura em que vivemos, não é comum os adultos brincarem. Geralmente, não entendemos ou não sabemos fazer isso. Posso destacar, como exemplo, quando os pais compram brinquedos para os filhos, com a intenção de prepará-los para o futuro. E o que é a brincadeira? Para Maturana (2004, p. 187), o brincar são expressões das conexões entre o ser vivo e o seu meio, organizado de modo espontâneo e livre, com base nas formas imediatas de ações, movimentos e percepções que provêm da história evolutiva da espécie humana.

Ou seja, "as brincadeiras espontâneas de nossas crianças não são arbitrárias: são dinâmicas corporais ligadas a territórios ancestrais de comportamento".

No ano de 2002, Maria Eduarda começou a trabalhar com uma turma de quarta série no município de Silveira Martins/RS. Estava inicialmente realizada, por atuar nas séries iniciais, aquilo que sempre quis após se formar. Contudo, encontrou novas dificuldades. Os pais e a direção escolar preferiam que as crianças ficassem sentadas, copiando ao invés de brincar, pois acreditavam que essa era a melhor forma de aprender.

Ao querer inovar, a professora levava para as aulas alguns jogos. Segue um relato sobre essas experiências:

> *Aí eu levei os jogos para trabalhar a matemática e o português. Eles gostaram mais da área de artes – dos trabalhos manuais eles gostavam bastante. Mas eles queriam estar copiando, né! Então, não funcionou também os jogos. Não funcionou muito ali com eles, porque acabava virando bagunça, porque eles não conseguiam se organizar. Eles não estavam acostumados. Não queriam mudar porque daí eles também tinham que mudar a postura em relação ao assunto. Então, pra eles, era muito mais fácil ficarem sentados copiando do que ter que pensar sobre o jogo, se organizar.*

A professora fala do brincar como um sinônimo de jogos educativos. Estes seriam uma forma diferenciada de ensinar os conteúdos aos alunos, com a intenção de alfabetizá-los ou discipliná-los. Essa prática pedagógica, aparentemente, não foi muito bem acolhida pelas crianças, visto que não representava nem aula, nem brincadeira. Nem uma coisa, nem outra.

Parece que o brincar tem que ter uma finalidade explícita, caso contrário, aparenta ser algo sem fundamento. Isso tem a ver com o que sugere Maturana (2004) ao dizer que é comum, em nossa cultura, exigir um propósito para a maioria de nossas relações e interações, seja com nós mesmos, ou com os outros e isso acaba por se transformar e se tornar uma maneira de viver.

Em 2004, Maria Eduarda começou a trabalhar numa escola municipal, na qual atua no presente momento. Diz gostar de trabalhar nesse local e acha a sua turma excelente. Um dos motivos que a levam a pensar dessa maneira é a receptividade das crianças em participarem das atividades propostas. As brincadeiras organizadas pela professora são geralmente realizadas dentro da sala de aula. Às vezes, procura ir até o pátio, mas isso se torna algo "complicado", pois as crianças querem futebol. Ela desabafa dizendo que, se não houver futebol, as crianças acabavam por bagunçar as aulas, desestruturando-as.

Quando há estagiários do curso de Educação Física, na escola, são eles quem geralmente realizam as atividades fora da sala de aula. As brincadeiras mais vivenciadas são: pular corda, caçador e ovo choco; além dessas, há outras brincadeiras realizadas, com os poucos recursos materiais existentes na escola, como a prática de esportes, a exemplo do futebol e do vôlei, atividades essas entendidas, pela professora, como recreação.

Maria Luiza comenta que, em determinados momentos, os alunos resistem em participar de algumas brincadeiras. Surgem dificuldades de aceitação e de viver em grupo. Há o receio de entrar em contato com o sexo oposto. Tal situação acaba por resultar em conflitos entre os alunos. Diante do exposto, desponta a seguinte pergunta:

> *E aí tu faz o quê?! Vai ficar sempre a mesma coisa?! Eles não vão viver sempre com quem eles querem! Eles vão viver com outras pessoas que eles não gostam e ter de aprender a conviver com isso. Então, isso aí, eu acho que é uma grande dificuldade.*

Diante da fala, acredito que, para as crianças poderem aprender a conviver com os outros e a viver experiências significativas em suas vidas, evitando perdas irreparáveis, é imprescindível cuidar, antes de tudo, do seu desenvolvimento emocional. Digo isso ao ter como referência os estudos de Maturana (1998, p. 16), ao definir as emoções como "disposições corporais dinâmicas que definem os diferentes domínios de ações em que nos movemos". Esse conceito ajuda-nos a compreender que toda ação humana existe a partir de uma emoção que a estabeleça como tal e a torne possível como ato.

Ao reconhecer que todas as ações possuem uma base emocional, o próximo passo é saber que o amor é a principal emoção que fundamenta todas as nossas relações humanas. Para Maturana (2004), qualquer pessoa, ao crescer num ambiente de amorosidade e no respeito por si mesma, também será capaz de aprender qualquer coisa e adquirir qualquer habilidade se a desejar, visto que todas são igualmente inteligentes. O aprendizado é facilitado à medida que a criança é amada e acolhida como um legítimo outro na coexistência. Portanto, tratá-las com amor é o melhor legado de aprendizado que alguém pode lhes deixar.

A professora acredita que a brincadeira contribui no âmbito dos relacionamentos das crianças, pois a brincadeira possibilita às crianças uma abertura para que se possa ouvir o outro. Maria Luiza entende que é importante e possível trabalhar em conjunto e a conviver com o diferente. Segue uma de suas falas, a qual faz referência aos seus alunos:

> *Mesmo que uma pessoa que eles não gostam, que eles não se relacionem bem ou não tenham a mesma opinião, eles podem conviver com elas numa boa, né?! É só respeitar!*

Como seres humanos, temos o mundo que criamos com os outros. Segundo Maturana e Varela (1987), o ato de ampliar nosso domínio cognitivo reflexivo, que sempre implica uma experiência nova, chega-nos pela motivação do encontro com o outro, pela possibilidade de olhá-lo como igual em sua diferença, aceitando-o na convivência, mesmo quando estejamos em contradição com ele. Segue abaixo um trecho da fala dos autores ao fazerem referência a essa ideia:

> *Toda vez que nos encontrarmos em contradição ou oposição a outro ser humano com quem desejamos conviver, nossa atitude não poderá ser a de reafirmar o que vemos do nosso próprio ponto de vista, e sim a de considerar que nosso ponto de vista é resultado de um acoplamento estrutural dentro de um domínio experencial tão válido como o de nosso oponente, ainda que o dele nos pareça menos desejável* (MATURANA; VARELA, 1987, p. 262).

Trata-se, portanto, de um caminho ontológico que, ao tentar querer explicar a realidade, considera as mais diferentes ideias em sua legitimidade. Esse convite à reflexão pelo conversar é o que Maturana (1998) chama de "objetividade entre parênteses" ou "caminho das ontologias constitutivas". Nesse caminho, através das coerências operacionais do viver de um observador, há tantos domínios de realidades, quantos domínios explicativos. Assim, cada afirmação/explicação que um observador faz é válida, em algum domínio de realidade, e nenhuma delas é intrinsecamente falsa, considerando-se que toda explicação é sempre uma experiência que distinguimos como observadores.

Se não nos encontrarmos, no mesmo domínio de explicações, ou espaço de emocionar, não aparecerá consenso, e cada um permanece distanciado do outro, pois estão em espaços não congruentes nas ações que estabelecem tal relação. Disso é perceptível que o encontro com o outro, no mesmo espaço, é espontâneo, isto é, acontece ou não acontece. Não depende, portanto, de justificativas racionais, depende do desejo espontâneo de ser ou não ser congruente naquele momento.

Maria Eduarda enfatiza que a maneira de brincar das crianças vem mudando. Percebe que as crianças estão mais agressivas e a violência virou um sinônimo de brincadeira. A seguir um recorte do relato:

> *Eles acham que se soquear é brincadeira. Ficar se empurrando, se chutando, se soqueando é brincadeira:* – Ah! Eu tava só brincando professora!! *Eu digo:* – mas isso não é brincadeira! Brincadeira é tu pegar uma bola e jogar! Claro que dá um acidente, alguma coisa. Mas tudo bem! Mas, não, sabe... Eles acham que se empurrar na fila é uma brincadeira. No pátio ficar correndo, se empurrando, se dando soco é a brincadeira deles. Eu acho que estão muito mais agressivas as brincadeiras.

A falta de limites é destacada pela professora como um dos motivos para as constantes agressões. Maria Luiza tem a impressão de que a relação entre pais e filhos, outrora tradicional e rígida, tornou-se, de maneira repentina, totalmente livre – "liberou total". Uma mudança muito rápida e radical, à qual a professora tem dificuldade em acompanhar.

A professora enfatiza que as crianças têm acesso à informática e brincam com jogos eletrônicos violentos; assistem programas televisivos, que também são violentos; brincam pouco nas ruas e ficam isoladas dentro de suas casas. Todos esses aspectos influenciam diretamente em suas condutas.

Acredita-se que, na origem da humanidade, bem como na vida matrística europeia, pré-patriarcal, as relações eram bem diferente dessas mencionadas acima, pois estava centrada no amor. Nela, a agressão e a competição eram fenômenos ocasionais, não modos cotidianos de vida. Nesta perspectiva epistemológica, os seres humanos teriam surgido, em uma história de conservação da biologia, do amor como a dinâmica emocional centrada no espaço psíquico próprio ao modo de vida que deu origem à linguagem, uma dinâmica que ainda se conserva na relação da mãe com a criança (MATURANA; VERDEN-ZÖLLER, 2004).

Os referidos autores salientam ainda que a competição é constitutivamente antissocial porque, como fenômeno, consiste na negação do outro. Neste sentido, não existe a "competição sadia", já que a negação do outro implica a negação de si mesmo, ao pretender que se valide o que se nega, pois aquele que compete não vive naquilo que faz. Aliena-se na negação do outro. A vitória, nesse caso, constitui-se na derrota e no fracasso do outro.

A professora comenta que os alunos brincam cada vez menos na escola, à medida que passam de uma série à outra. A cada promoção de série, uma mudança brusca ocorre na maneira de brincar, principalmente, a partir da quinta série – fase em que começam a entrar na puberdade. Os alunos começam a se recusar em participar das brincadeiras. Eles justificam isto ao afirmar que brincar é coisa de criança.

Maria Eduarda diz trabalhar com uma grande diversidade de brincadeiras nas séries iniciais – inclusive – no resgate daquelas que foram esquecidas com o passar do tempo. E os alunos gostam disso. No entanto, tem a impressão que o oposto ocorre a partir da quinta série, pois eles resistem em brincar. A professora comenta: "Parece que eles não são mais crianças! Mas, na verdade, eles são crianças ainda! A gente brinca e gosta de brincar até adulto". Devido a esse motivo, as aulas precisam ser reelaboradas e o "brincar vira mais um esporte do que uma brincadeira". Por isso, ela tem a impressão de que o brincar está sendo considerado como algo de pouca importância na escola e, consequentemente, relegado a segundo plano.

Quero trazer essa discussão para as reflexões de Maturana (2004), ao perceber que a criança vive imersa numa cultura que é principalmente matrística, ou seja, em conversações (com sua mãe, ou com o seu pai ou quem os substitua) que tem a ver com a condição humana de ser amoroso. O início de sua existência é vivida na estética da coexistência harmônica, própria da coerência sistêmica de um mundo que se configura com base na cooperação e no entendimento. Já na vida adulta, vive quase que exclusivamente numa cultura patriarcal – de negação.

A cultura patriarcal europeia se configura na separação e na oposição entre uma infância matrística e uma vida adulta patriarcal. Esse impulso, de total negação de tudo o que seja matrístico, leva as crianças a entrar em contradição emocional. Dar-se conta da oposição dessas culturas, desse conflito, e desejar algo diferente para recuperar a essência de tal infância é possibilitar uma abertura para a reflexão, principalmente, sobre nós mesmos, pois nos encontramos em nossa reflexão e surgimos nela.

Ao se considerar a dominação histórica das culturas patriarcais sobre as culturas matriarcais, percebe-se que alguns dos fundamentos do humano são considerados secundários em nossa sociedade. Aquilo que deveria ser preservado cuidadosamente, por ser tão básico à constituição da existência social, a exemplo da relação amorosa mãe-filho, ou no caso, a relação professor-aluno, vem se perdendo. Vivemos num mundo destrutivo, que não cede às crianças espaços de liberdade e paz, tão necessários para seu saudável desenvolvimento – tampouco há o convívio na participação, colaboração e compreensão. Estas palavras viraram meros substantivos, evocados em ocasiões especiais, porque eles não conotam, na atualidade, o nosso modo geral de viver.

Sempre quando perguntado sobre o brincar à professora, respondia falando sobre o jogar. A partir disso, começa a questionar-se entre um e outro. Segue um trecho de suas interrogações:

> *Qual a diferença entre o brincar e o jogo? Se existe, que diferença é essa? O que há de diferente? Eu percebo que as pessoas acham que tem certa diferença, mas que diferença é essa? Elas não sabem explicar!*

Em mais um de seus questionamentos, ela começa a refletir a sua prática pedagógica:

> *Às vezes a gente ouve:* – brincadeira! *Tu pensa:* – brincadeira é uma coisa realmente mais livre. Tem que ter um ambiente. Também muda – estão num espaço mais livre. *Eu queria saber se tem essas ideias de diferenças entre o jogo e a brincadeira ou uma faz parte da outra?! Eu fiquei pensando agora porque a gente na sala de aula traz mais os jogos. Eu acho que os jogos são mais direcionados pra uma coisa.*

A professora afirma que, na sala de aula, trabalha com o jogo. Considera-o uma brincadeira direcionada à aprendizagem de conteúdos, de habilidades, da motricidade e da socialização. É um meio para que a criança venha a aprender a contar, a multiplicar, etc. Para a professora, a relação entre o brincar e o aprender dá-se através dos jogos educativos, visto que as crianças conseguem melhor compreender o que se está querendo dizer. Acredita ser uma forma diferenciada de ensino, pois muitas das explicações, que porventura não são esclarecidas por meio de palavras, podem ser entendidas pelo jogo. Trata-se de uma atividade pronta e direcionada objetivamente e com objetivo de desenvolver os conteúdos, de uma forma mais lúdica e mais leve – sem ter de passá-los no quadro-negro.

Maria Eduarda constata que o brincar está associado a um ambiente maior, não se referindo apenas ao espaço físico, mas a espaços de liberdade. Percebe que existe uma diferença entre o jogar e o brincar. Mas encontra dificuldades para se expressar. Esses questionamentos não se reduzem à busca por uma definição ou conceitos. Antes de tudo, é uma reflexão em que a professora se dá por conta de sua própria prática pedagógica.

As peças de teatro também são consideradas brincadeiras para a professora. Ela relata sobre a participação de um projeto em que os alunos leram o livro de mágicas do "Menino Maluquinho" e, a partir da obra, a professora organizou uma apresentação para as crianças. Assim disse:

> *Aquilo ali foi uma brincadeira* (risos). *Eu me sentia assim: a mágica! Foi uma coisa muito agradável, tanto pra mim, quanto para as crianças. Então, pra mim, foi uma brincadeira! Foi uma coisa tão assim... que eu nem*

> *senti, sabe! Que eu gostaria de fazer mais vezes até. Quando a gente faz um teatro, faz uma apresentação, faz né... a gente ali... é tão assim [...]!*

Percebo, no relato acima, que faltam palavras para expressar a alegria da professora em participar dessa experiência – algo prazeroso e envolvente. Para ela, essa sensação seria o "espírito" do brincar. Em determinado momento, a professora tenta explicar o que é o brincar e comenta: "eu nem senti". Creio que esteja se referindo ao aspecto da espontaneidade da brincadeira. Isso foi reafirmado quando, posteriormente, disse: "é como se não percebesse o que se está fazendo".

Foi possível constatar, pela entrevista, que a professora, mesma afastada alguns anos da universidade, nunca perdeu o interesse em estudar o referido assunto. Ainda hoje, contempla, em sua formação, a questão do brincar ao participar de seminários e oficinas.

4.3 O brincar para Ana

A professora Ana trabalha em uma turma de 4ª Série do Ensino Fundamental na rede pública municipal de Santa Maria/RS. Hoje, com 53 anos, relata que a sua infância foi muito ativa. Habitualmente, jogava futebol e fazia travessuras com suas irmãs dentro de casa. Segue uma passagem de um desses momentos, relatados por ela:

> *Minha mãe tinha ganhado de casamento uma jarra muito bonita, com os copos todos de cristais e o pai comprou uma bola pra mim e eu fui jogar bola dentro de casa. Eu quebrei toda a jarra dela! Não ficou nem um copo (risos)! Eu era a mais danada! Quer dizer, eu brincava bastante. Eu acho que brinquei bastante com minhas irmãs. E eram bonecas. E eram joguinhos. Começaram a vir os quebra-cabeças: destacavam as cartelas e ia montando. Mas não é como agora, que é tudo emborrachado, tudo bonito, né! Era outro material. Brincava uma ou duas vezes porque era um produto que custava caro. Mas eu brinquei bastante assim, em casa, com minhas irmãs.*

Pela fala, podemos perceber que, não importa a hora ou o local, as crianças gostam de brincar. Sempre que a deixarmos livres, brincarão. Isso ocorrerá independente se estiverem sob a tutela de seus pais ou não. Independente, se tiverem poucos ou muitos brinquedos.

Ana iniciou os estudos numa escola de ordem religiosa, na cidade de Santa Cruz do Sul/RS. Lá, as freiras iam para o pátio na hora do recreio, para brincar com os alunos de jogar sapata, de pular corda ou jogos com bolas. Com saudosismo, assim descreve:

> *Na hora que tocava aquela música, o silêncio, sabe! Daí corríamos todos pra fila. Eu notava que, naquela época, não tinha briga, não tinha nada. Era assim, sabe. Tipo circuito no pátio. Tinha um grupinho que era da sapata, outro grupinho que era da bola, um grupinho que tinha um pião que ficava rodando e daí todo mundo ficava envolvido. Mas a hora que tocava aquela música era um silêncio, sabe, todos iam pra fila e entravam pra sala de aula.*

Em meio a suspiros de saudade, a professora descreve a sensação de paz que sente ao lembrar daquela época. Aquele momento de brincar, no recreio, junto às religiosas, é aprovado e considerado um trabalho "bem interessante", pois elas conseguiam envolver e disciplinar os participantes.

Os pais de Ana mudaram de cidade e, consequentemente, transferiram-na de escola. A continuidade de seus estudos foi na escola particular Coração de Maria, na cidade de Santa Maria/RS. Neste local, ela não se sentiu só, pois alguns de seus primos já estudavam lá. As suas irmãs também foram nela matriculadas.

A escolha de seus pais por essa instituição de ensino foi pautada nas atividades que eram oferecidas e desenvolvidas. Assim, descreve:

> *Meu pai sempre disse assim: que era pra deixar sempre ocupado que, pelo menos, não estava pensando e fazendo besteiras. A gente passava o dia inteiro envolvido. Era um envolvimento assim pela escola, pelas atividades da escola assim, imensa! Tinha trabalhos, entrega de trabalhos, provas e todo um monte de coisas. E a semana de exposição de ciências, amostra de trabalhos. Era um envolvimento total.*

Fica evidente que, para os pais e para os professores de Ana, era importante que as crianças tivessem uma agenda cheia de compromissos e tarefas, as quais deveriam ser realizadas no decorrer do dia, não comprometendo a sua formação. Por este motivo, ela sempre estava envolvida com muitas tarefas: na escola, realizando atividades paralelas; ou em casa, prescritas pelos pais.

No contraturno escolar, Ana se deslocava até o Clube Corintians para jogar handebol e torneios interséries, inclusive com outras escolas do município. Depois, começou a participar de provas de atletismo – arremesso de peso. O grupo se deslocava até o quartel Mallet para competir e disputar medalhas. Nesse período, participou da banda. Ainda recorda com pontualidade os horários dos ensaios. Aprendiam a tocar o que quisessem: gaita de fole, surdo, escaleto, etc.

Percebo, pelas falas da colaboradora, que as brincadeiras eram geralmente realizadas em horários preestabelecidos. As competições e os torneios são entendidos como brincadeiras. Fica evidente que, em sua infância, houve um reduzido tempo destinado às brincadeiras livres. No entanto, a professora afirma que tal momento de sua vida foi muito bom e acha que brincou bastante na escola. Dentre as brincadeiras inesquecíveis da época, ela cita a "corda de borracha" e o pular "sapata". Segue trecho do relato:

> *Era todo mundo! Chegava a ir à fila e tinha que jogar uma sapata primeiro antes de entrar pra sala de aula. O que mais!? Era a sapata, esse do elástico, ah... pega-pega, aquelas brincadeiras de caçador. A gente brincava muito, muito. Eu acho que a gente brincava muito na escola. Antigamente, né!!*

A professora também recorda da escola a presença do seu professor de Educação Física. Era ele quem organizava as brincadeiras em sala de aula, principalmente, em dias de chuva ou frio. Isso não significa que os alunos fossem impedidos de brincar no pátio. Podiam, e muito; mas, nos dias de intempérie, as crianças ficavam mais resguardadas, em sala de aula a confeccionar joguinhos para, posteriormente, brincar.

Quero destacar que o professor é a pessoa quem vai proporcionar novos espaços de convivência com os alunos. Esses espaços, de aceitação recíproca, configurados na relação professor-aluno, são propícios para se produzir uma dinâmica em que ambos vão mudando/transformando em congruência. Nesta perspectiva, para Maturana (1990), o brincar é um processo de aprendizagem e transformação na convivência, através do qual os alunos se transformam em seu viver de maneira coerente, seja em coincidência ou oposição, com o emocionar e o viver de seus professores.

Em outras palavras: o mundo em que as crianças vivem é sempre uma criação pessoal. A tarefa educacional é uma criação do mundo com o outro, sendo que nós, professores, somos a referência para tal criação, ou seja, o mundo que nossos alunos criam, em seu viver, sempre surgirá criado conosco.

Em sua formação, Ana cursou Magistério, Pedagogia e pós-graduação em Psicopedagogia. Durante os três anos, em que cursou Pedagogia, os professores universitários preocupavam-se em falar sobre a importância do brincar. Eles procuravam relacioná-lo aos conteúdos das disciplinas. Na seguinte citação, percebe-se que esses professores entendiam e trabalhavam o brincar pelo viés da psicologia:

> *Às vezes, entrava um professor e já falava o que o outro professor tinha falado da importância da brincadeira: a questão de Piaget, a questão Vygotski. Tudo, tudo, tudo era falado. A gente notava que no final da aula, a gente notava que, às vezes, como dizia um professor, que aqui na universidade é tão corrido, tão corrido, que não dá tempo nem da gente conversar.*

Outro aspecto que venho a destacar, na fala da professora, é o reduzido tempo para o diálogo entre o aluno e o professor, além da falta de discussão/reflexão sobre o tema. Na formação acadêmica da professora, os conteúdos eram apresentados repetidamente. Mas, para Ana, havia uma disciplina que era diferente: Métodos e processos da alfabetização. A professora desta disciplina tinha a preocupação que os alunos aprendessem a confeccionar jogos, pois sentia que isso estava, aos poucos, se perdendo nas escolas. No decorrer do estágio, cada estudante teria que elaborar pelo menos um material para "aplicar" na sala de aula com seus alunos. Como o próprio nome da disciplina diz: o brincar era um "método" utilizado nos "processos de alfabetização". Temos aqui uma representação do brincar, como um recurso pedagógico, para a aprendizagem de conteúdos.

Após concluir o curso de Pedagogia, a professora foi nomeada em concurso público e iniciou a sua vida profissional trabalhando com uma turma de primeira série numa escola localizada na zona rural, ficando, por isso, apreensiva: alfabetizar era um compromisso muito grande e havia, no grupo, crianças com dificuldades de aprendizagem. Como a turma era muito dinâmica, começou a brincar com ela. Essa escola era muito carente e tinha poucos recursos, inclusive materiais. Estagiários que estiveram por lá fizeram alguns brinquedos, mas nunca mais retornaram para buscá-los, pois era uma escola muito distante. A professora, então, reaproveitava todos os materiais. Tinha também algumas bolas, cordas com as quais ela brincava com eles de jogar futebol, pular corda, caçador, passa-passará. Adorava as cantigas e cantava e gesticulava muito com eles. Tinha um repertório riquíssimo... (risos), comenta.

Atualmente, a professora trabalha numa escola, localizada na zona urbana, com muitos alunos e muitos recursos materiais. No entanto, conta com um pequeno espaço físico. O pátio, o local onde as crianças mais brincam, geralmente está ocupado nos dois turnos pelo professor de Educação Física. As aulas deste professor são realizadas no contraturno escolar, sendo que as turmas do turno da manhã frequentam a aula de Educação Física à tarde e as turmas da tarde frequentam pela manhã.

Ana comenta que o professor de Educação Física é quem realmente estaria habilitado a brincar e a jogar com as crianças. Seu trabalho "é algo mais dirigido", afirma. Relata que as pedagogas não são habilitadas a trabalhar com a Educação Física, justificando, assim, as poucas vivências realizadas pelas crianças em suas aulas.

Na tentativa de amenizar o problema, em relação ao espaço e aos horários, a coordenação escolar fez um calendário para que todos os professores saibam quais são os dias em que o pátio está disponível a cada um deles. Resta à Ana, apenas, uma hora por semana para sair da sala com seus alunos: sextas-feiras – das 4h e 30 minutos às 5h e 30 minutos.

Quero destacar que a professora menciona, anteriormente, demasiada preocupação com o letramento. Afirma que criança precisa brincar e o professor deve "ensinar a criança brincando", pois elas não conseguem ficar atentas e concentradas por muito tempo na sala de aula.

É possível perceber, em suas falas, a compreensão de que o brincar esteja reservado, quase que exclusivamente, às aulas de Educação Física, pois o professor desta disciplina é quem estaria habilitado para exercer tal função na escola, restando apenas uma hora para as crianças brincarem nas suas aulas. Abaixo, um trecho da fala de Ana, onde ela descreve como organiza a sua aula nesse dia:

> *Daí o que eu faço: levo-os pro pátio e eles fazem jogos competitivos ali, que eles adoram. Faço, às vezes, um circuito com eles.*

Vários. Um circuito, né. Eles brincam. Às vezes, eu deixo eles..., porque eles se cansam: – "Ah professora! Vamos fazer hoje um jogo de futebol"?! Daí eu faço um joguinho com eles. Entre os meninos e as meninas. Ou só as meninas. Ou senão handebol, sabe! Que eles gostam muito. Mas, acontece que eles estão numa época, num tamanho que eles já não gostam muito de certos tipos de brincadeira. Mas as meninas gostam de fazer sapata. Elas fazem. Elas desenham uma sapata. Aqui na escola tinha. Elas jogam sapata, né. Então, alguns tipos de brincadeirinhas... Ah! Caçador né! Pegam uma bola e vão caçar, né. E cantigas. Umas cantigas que eu gosto também de cantar.

Pelo relato da professora, podemos concluir pelo menos três aspectos:

1. *O primeiro:* a conduta profissional da professora é muito semelhante com a formação que teve da infância à faculdade. As brincadeiras, por ela elaboradas e desenvolvidas, na escola, são praticamente as mesmas da sua infância.

2. *O segundo:* a professora instiga a prática de esportes competitivos.

3. *O terceiro:* as crianças têm preferência pelos esportes competitivos, quando destinado um tempo livre, nas aulas.

A professora segue dizendo que os alunos adoram quando há novidades fora da sala de aula ou da escola, principalmente quando há torneios ou eventos. Cita como exemplo um festival de atletismo, que foi realizado alguns anos atrás, na universidade, onde alguns acadêmicos os levaram para participar.

Diante dessa situação, penso que, em nossa cultura, não se espera que as crianças brinquem. Penso que a formalização do ensino deva ser adiada para mais adiante, sendo necessário deixar as crianças brincarem mais. Segundo Maturana (2004), para mudar uma cultura, é necessário ocorrer uma modificação no emocionar, assegurando a conservação de uma nova rede de conversações. Isso pode ocorrer através do modo como vivemos com as crianças da comunidade. Esse novo emocionar estaria fundamentado no reconhecimento do amor, como o principal espaço que permite a legitimidade da criança a partir de si mesma.

"Confeccionar jogos" ou levar as crianças ao pátio para brincar de "Três Marias" não é viver no passado. Ana acredita nessa ideia, pois as crianças, ao criar os seus próprios brinquedos, estão aprendendo espontaneamente. A professora comenta que alguns de seus colegas de trabalho não gostam de jogar, na sala de aula, devido ao barulho e a desordem. Faz parte da cultura de alguns trabalharem em silêncio e, para fazer um determinado jogo, terão de mudar tudo aquilo que está pronto. Permanecer do jeito que está é mais fácil e menos desgastante.

Penso que os professores não possuem muito o hábito de brincar com os alunos. Talvez, por pensarem que seja uma coisa banal. Bem pelo contrário. Brincar com as crianças é uma forma de abrir espaço para uma relação espontânea de aceitação e respeito, a qual constitui o espaço de amar. Ao partilhar uma brincadeira, estamos envolvidos na atividade da criança e se relacionando sem autoritarismo.

Ana acredita na maneira como aprendeu a lidar com as brincadeiras junto a seus professores. Pensa "ser o caminho certo". Percebe que muitas "coisas boas se perderam" e problemas vieram à tona: a agressividade e a falta de limites. Isso ocorre devido às muitas falhas da atual Educação. Assim, ela se manifesta:

É o caminho certo de como tu manter e ensinar limites para as crianças. Eu acho que a partir da brincadeira tu pode perfeitamente saber o que é limite na hora dela jogar. Quando for a hora dela, ela vai jogar. Tudo isso nas brincadeiras ela aprende. Numa brincadeira, tu tira, olha, muitas situações, problemas, que tu cria, que tu vai trabalhar

> *com teu aluno em sala de aula. A questão do comportamento, do limite, do egoísmo, da agressividade, dele bater no colega, sabe?! Então, com a brincadeira, no brincar, eu acho que tu brincando tu tá trabalhando com tudo isso aí com a criança.*

No entendimento de Ana, pela brincadeira se resgataria o "bom comportamento" dos alunos. Destaca que o professor é uma das pessoas responsáveis pelo processo de formação do "bom caráter" da criança. Por isso, brincar "é algo muito sério". Salienta, ainda, que o brincar é ótimo porque proporciona uma melhor relação entre os colegas e ajuda a criar novas amizades.

Ana percebe que as crianças quase não brincam fora do ambiente escolar, exceto com os jogos eletrônicos. Para ela, o computador e o *video game* ajudam a desenvolver o raciocínio da criança. Entretanto, essas tecnologias estão "competindo com o professor", pois elas são mais atrativas. Assim, torna-se difícil para o professor permanecer durante quatro horas, em sala de aula, só com giz na mão, em frente ao quadro, comenta.

Com o intuito de inovar, de tornar as aulas mais atraentes e de dar continuidade a sua própria formação, Ana procura diversificar as atividades. Enfatiza que vem aprendendo novas cantigas de roda, com uma professora da universidade que vai até a escola. As antigas cantigas de roda, que vinham sendo esquecidas, também estão sendo resgatadas e praticadas. Inclusive, uma dessas cantigas foi apresentada pela turma no momento em que as fui conhecer.

Ana acredita que o brincar é a melhor forma para a criança aprender. Ela faz referências às estagiárias que ensinam a tabuada ou a produção textual, através de jogos – tudo com material lúdico e com "jogos maravilhosos". Acha isso importante por apresentar aspectos que facilitam a aprendizagem de determinados conteúdos, por isso, sempre procura passá-los em forma de jogo – como um método. É essa a relação que a professora faz entre o brincar e a aprendizagem, explicitada mais uma vez quando fala sobre os jogos de bingo:

> *No momento que tu tá ensinando uma criança, que tu usa uma metodologia que tu vai trabalhar, por exemplo, o bingo, né. Então, tu tá trabalhando com o bingo ali com eles, a tabuada e aplica o bingo. Eu acho assim, que é muito, muito, muito, muito, muito importante pra criança ali porque ela tá brincando e, ao mesmo tempo, ela tá aprendendo e está sendo uma forma prazerosa pra ela. Porque, às vezes, você está ensinando a tabuada pra ela e ela está assim tão fechadinha que não chama a atenção àquela metodologia que tu tá trabalhando, desenvolvendo naquela hora.*

Além do bingo, a professora organiza outros jogos para trabalhar com os conteúdos. Tomamos, por exemplo, uma brincadeira em que é passada para os alunos uma "caixinha de surpresas" onde, ao som de uma música, vão retirando papéis que se encontram dentro dela. Nesses papéis, estão escritos alguns dos temas que serão debatidos e trabalhados em aula.

Acredito que, diante do exposto, seja oportuno buscar em Maturana e Verden-Zöller (2004) outro entendimento sobre o brincar:

> *Brincar não é uma preparação para nada, é fazer o que se faz em total aceitação, sem considerações que neguem sua legitimidade. Nós, adultos, em geral, não brincamos, e frequentemente não o fazemos quando afirmamos que brincamos com nossos filhos. Para aprender a brincar, devemos entrar numa situação na qual não podemos senão atentar para o presente* (MATURANA; VERDEN-ZÖLLER, 2004, p. 231).

Os professores estão geralmente preocupados com o futuro das crianças, por isso, geralmente atribuem ao brincar novas e inúmeras finalidades. Os professores, então, acabam por submeter os alunos às exigências do competir, a obter êxitos e a viver numa luta constante pela existência. Essas exigências interferem no desenvolvimento corporal, psíquico e social normal das crianças, como seres humanos autoconscientes, com autorrespeito e respeito social.

Para Ana, a maior dificuldade em trabalhar com o brincar é atribuída à falta de socialização das crianças. Algumas não aprenderam a conviver com o outro, seja por falta de costume, por mimos, ou por ser filho único. A criança, quando se depara com um grande grupo, pode perceber a situação com estranhamento. Surgem os conflitos, como vemos na seguinte citação:

> *Quando dá de frente com aquele monte de colegas ali, que ele tem que brincar e, ali na hora, traz um problema. Aí pra mim é o pior, sabe. Isso dificulta muito o trabalho, porque daí tu tem que fazer todo um processo de socialização daquela criança com o grupo. Pra ele ser aceito, pra ele aceitar também aquele tipo de brincadeira e aceitar as normas das brincadeiras, porque têm crianças que, como eu já trabalhei assim, que é filho único, que não sabe dividir, que não brinca, só vive naquele mundinho dentro de casa. Quando chega à sala de aula, ali são quase trinta alunos pra brincar. É um tumulto e não sabe brincar. Ele não consegue, não consegue, e chora, e se perde. Ele chora e daí quem é o culpado é o professor. Pra mim, a maior dificuldade que*

eu acho é isso aí. É aquela criança que não é acostumada a brincar.

É possível perceber, pela fala da professora, que não é raro as crianças encontrarem dificuldades para participar ou interagir das brincadeiras com os seus colegas, pois foram privadas dessas experiências ou aprenderam desde cedo a querer competir e a querer ganhar.

A competição, a posse da verdade, a certeza ideológica e tudo o que limita a aceitação do outro destrói ou restringe a ocorrência do fenômeno social e, portanto, também o humano, porque destrói o processo biológico que o gera. O motivo é simples: sem o amor e sem a aceitação do outro, não há fenômeno social. Contrariando essa conduta social de viver, podemos ter um comportamento fundado na cooperação, o qual implica confiança e estabilidade nas relações de aceitação mútua. Penso que, urgentemente, devemos devolver ao brincar o seu papel, como um aspecto central da vida humana.

Abaixo, uma passagem da fala de Ana, na qual os alunos tiveram dificuldades de relacionamento devido aos jogos de competição:

Estava jogando futebol e daí, empatava, empatava, e um coleguinha disse: – vamos fazer nos pênaltis! *Daí tá. Então, bateram os pênaltis. Daí esse menininho que tava com*

> *problema, o que aconteceu!? Só ele queria bater os pênaltis! E daí os outros? E os outros não! –* cada um vai cobrar um pênalti! *E ele chorava, chorava, chorava. Gritava, gritava. E a gente teve que fazer todo um trabalho com ele. Agora que ele tá indo, quase final do ano, que ele ta indo mais ou menos. Mas ele não queria. Era só ele pra cobrar os pênaltis. Aí vinha outro e ele: –* não! Aqui, cada um vai cobrar um*!*

Geralmente, vemos o brincar e o amor pelo ângulo patológico, em sua negação. Dificilmente, o vemos em sua própria normalidade. Isso pode ser corrigido em nosso viver e em nossa formação, pela reconstituição da "Biologia do amor".

O desenvolvimento fisiológico e psíquico inadequado da criança, que cresce numa cultura patriarcal como a nossa, revela-se em suas dificuldades de estabelecer relações sociais permanentes (amor) ou na perda da confiança em si mesma, ou na perda do autorrespeito e do respeito pelo outro, bem como no desenvolvimento de diversas classes de dificuldades psicossomáticas em geral. A criança, ao viver assim, chegará a ser um adulto patriarcal, com o mesmo comportamento.

Contrariando essa perspectiva, a criança, ao viver na dignidade e no respeito, vive como um ser com responsabilidade social, qualquer que seja o tipo de vida que lhe caiba no futuro como adulto.

Nós somos dependentes do amor. Sendo assim, é imprescindível viver essa condição, seja do ponto de vista da fisiologia, como do ponto de vista das relações. Menciono a fisiologia, pois é perceptível a sua alteração quando se interfere com o amor – patologias surgem (neuroses, alterações psicomotoras, distúrbios da convivência) e que são corrigidas quando restabelecido.

Quando a fisiologia da criança se distorce, surgem problemas de desenvolvimento, problemas psicológicos e problemas de relação, que vem a configurar o seu ser social e, com isso, sua configuração de mundo.

4.4 O brincar para Alessandra

A professora Alessandra tem 33 anos. É licenciada em Educação Física e trabalha com várias turmas das séries iniciais de uma escola particular em Santa Maria/RS. Conta que, na sua infância, morava num apartamento e ficava muito sozinha. É filha única e tinha pouco contato com outras crianças que não fossem de sua família. Já, com os seus primos, brincou muito. Eram, aproximadamente, quinze crianças da mesma faixa etária. Eles se encontravam aos finais de semana, na propriedade dos avós, que tinham uma casa imensa e um pátio muito grande. Lá brincavam de rodas, de pular o elástico e de esconde-esconde. Penduravam-se em árvores e brincavam com as frutas. Havia um colchão velho, onde podiam se jogar. A professora relata que as brincadeiras eram bem diferentes das atuais. Por sua vez, bem diferentes também daquelas da infância de seus pais.

Da época de escola, não tem muitas recordações daqueles momentos que eram destinados às brincadeiras. Com bom humor e em meio aos risos, pergunta-se: "Será que a gente tinha"? Acredita que as brincadeiras deveriam ter sido mais instigadas e acompanhadas pelos professores, conforme um de seus relatos:

> *Eu acho que a minha professora levava a gente brincar e dizia: – "façam o que querem", sabe! – Vão pra pracinha, vão! Não tinha aquele acompanhamento. Essa preocupação em instigar. Essas coisas, sabe!? Porque senão, eu ia me lembrar! É uma coisa que passou tão assim...*

Pela fala da professora, percebe-se que há uma compreensão de que a criança precisa de uma pessoa que a acompanhe e a instigue enquanto brinca. O livre brincar na escola ("façam o que querem") não é bem visto pela professora, pois foi uma experiência que passou de maneira despercebida.

Aos poucos, Alessandra começa a recordar que jogou muito futebol e vôlei nas aulas: "era o que mais tinha". Acredita que a sua geração não "podia muito", ou seja, não tinha muitas oportunidades, porque os pais e/ou professores estavam preocupados com outras "coisas", consideradas mais importantes.

Quando criança, havia uma concepção de escola como um lugar de estudo rigoroso, a qual deveria preparar os alunos para o futuro. Nesse modelo de Educação, o brincar não tinha muito espaço e o fato de a criança ter de ir à escola tornava-se um compromisso cumprido por obrigação. Percebe que isso mudou bastante e que a escola tem se preocupado com esse aspecto, sendo a Educação "mais liberal" e a relação entre adultos e crianças mais flexível.

No ano de 1993, Alessandra decidiu realizar vestibular para o curso de Educação Física na UFSM. Essa opção deve-se ao seu gosto pela dança. Na época, não havia esse curso superior em universidades localizadas próximas à sua cidade. Hoje, a dança é a sua especialidade.

Durante a formação acadêmica, poucas foram as atividades que problematizaram o tema do brincar. Na disciplina de Didática, o brincar foi contemplado, porém, brevemente. A matriz curricular do curso priorizava outras disciplinas: Esportes Coletivos (I, II, III, IV), respectivamente, futebol, basquetebol, handebol e voleibol, Ginástica e Lutas.

Na disciplina de Recreação, seriam discutidos assuntos referentes às brincadeiras, mas o professor pouco se fazia presente e, quando vinha, trazia muitos textos para os alunos lerem. Em seguida, ele ia embora. Consequentemente, os alunos também não permaneciam. Este professor não realizava avaliação e, no final de semestre, todos ficavam com nota dez. Essa conduta desmotivava os alunos.

No último semestre, no Estágio Profissionalizante, era quando os acadêmicos iam atuar frente aos alunos. Sobre isso, questiona: "que profissional que vai trabalhar com crianças? Que profissional que vai sair"? Alessandra constata que essa é uma lacuna na formação docente, pois o professor, quando se forma, não se sente preparado para atuar. Abaixo, um recorte de sua fala:

> *Eu vou te ser bem sincera por experiência: tu só vai adquirir conhecimento pela tua experiência! Não adianta tu dizer que sai da universidade pronto para trabalhar com qualquer coisa! Que tu não sabe! Tu vai ter que encarar e meter a cara e dizer:* – *oh, eu sei isso e isso. Tu vai trabalhar e aí tu vai ver que não sabe e tu vai ter que procurar, procurar. Tu vai ter que ir atrás.*

Os relatos apresentados expressam que Alessandra teve poucas vivências com o brincar no decorrer de sua formação, tanto escolar, quanto acadêmica. Em sua trajetória, os seus professores exercem um papel central no processo ensino e aprendizagem. É evidente também que, para a professora, os acadêmicos, ao se formarem, não se sentem preparados para atuar. Por esse motivo, a formação contínua torna-se imprescindível para a constante aprendizagem e atualização profissional.

Muitos foram os cursos de aperfeiçoamento que Alessandra participou e ainda participa. Preocupa-se em dar continuidade à sua formação, para que possa atender às expectativas dos alunos e empregadores. Pelo fato de trabalhar numa escola particular, o constante aprimoramento é fundamental para manter o emprego.

Percebe-se, no decorrer da entrevista, que a atual prática docente de Alessandra pode ser justificada pelas suas inúmeras vivências de infância. Ela comenta que começou a dançar com quatro anos de idade. Em seguida, estudou numa escola que também oferecia aulas de dança. No entanto, no decorrer de todo curso de Educação Física, teve apenas uma disciplina sobre esse assunto. A professora faz referência a muitos de seus colegas que hoje são considerados "bons profissionais" porque tiveram bons professores em suas escolas, ou porque vivenciaram determinadas atividades extraclasse.

A professora atribui a maioria de seus saberes mais à própria iniciativa e/ou trajetória pessoal, ao que aprendera na universidade. Quando começou a trabalhar em escola, tinha uma ideia bem diferente da atual. Com o passar do tempo, adquiriu experiência. Durante os seus dez anos de atuação profissional, acredita ter aprendido muito com os seus questionamentos e com o seu envolvimento em meio às crianças.

A professora diz que se preocupa, em suas aulas, com a aprendizagem dos alunos. Em sua atuação profissional, procura oportunizar às crianças diversas experiências, mais que nos anos idos, para que sejam maiores as chances de se desenvolverem. Alessandra associa o brincar a uma atividade realizada com prazer: "Essa coisa do prazer e do brincar mesmo"!

Para Maturana (2004), trabalhar com o brincar é viver num espaço relacional, que é sempre válido, pois estaremos acolhendo-a e aceitando-a em sua legitimidade. É uma enriquecedora oportunidade de aprendizagem, em que se ampliam as condições de reflexão e de atuação concreta frente ao mundo, na aceitação livre de seu ser. Com outras palavras: é um território de acontecimento da aprendizagem escolar.

Alessandra acredita ser importante as relações que as crianças estabelecem ao brincar livremente, pois a escola é o local onde elas passam grande parte do dia e com muitos vínculos de amizades. É, portanto, o local onde ainda podem brincar, por maiores que sejam as exigências escolares:

> *Por mais que tenha a questão do aprender e a questão do estudo, as escolas, hoje em dia, estão proporcionando mais esse brincar. Através disso, eu acho que acaba desenvolvendo mais as crianças e o gosto por isso.*

Entendo, pela referida citação, que a professora percebe que as escolas estão preocupadas com a sistematização dos estudos. Concomitante a isso, o brincar está sendo oportunizado com um recurso para a aprendizagem e como uma espécie de "válvula de escape" – uma ocupação sadia do tempo. Se as crianças sempre gostaram de brincar, por que, então, precisa-se desenvolver o "gosto por isso"? As crianças estariam rejeitando essa maneira de brincar?

A professora percebe que é crescente as famílias que estão dando maior importância para o brincar na escola. Os pais dos alunos buscam matricular os filhos em instituições que oferecem várias alternativas. Conforme a citação abaixo:

Os pais de hoje em dia são pais que brincaram e no sentido, de repente de que, os filhos têm mais que aproveitar. Que não é só qualidade de ensino em termos de... aquela coisa tecnicista. Que tem que vivenciar a brincadeira. Tanto é que hoje em dia as escolas, principalmente as particulares, oferecem um monte de coisas por fora: é clube de futsal, é clube de dança, é clube de judô, é clube de não sei o quê! Porque as pessoas buscam isso. Antigamente tu sabe de alguém que buscava isso?!

Observa-se que a professora faz referência aos clubes (futsal, dança, judô) como organizações que proporcionam atividades relacionadas com o brincar. Contudo, estas atividades não são atividades livres, mas programadas. Gostaria também de salientar que os "pais de hoje em dia" geralmente são pais que trabalham o dia todo e, portanto, não dispõem de muito tempo para os seus filhos. Será que estes pais realmente querem que os seus filhos brinquem ou que eles se mantenham ocupados com alguma atividade produtiva em sua ausência? No seguinte recorte, a professora fala sobre a omissão dos pais na educação dos filhos:

> *É muita empurração pra escola. A escola tem a obrigação de dar o conhecimento, educar, brincar, oferecer a questão da tecnologia. É tudo a escola!!! E o pai e a mãe o que fazem? Pagam uma escola, particular no caso, que oferece mais essas coisas para o filho vir e fazer tudo e, em casa, vai pra frente do computador e ali fica.*

A professora relata algumas histórias em que os pais pagam escolinhas e cursos para que os filhos fiquem entretidos com alguma atividade, em sua ausência. Quando retornam para casa, permanecem horas, às vezes, até a madrugada jogando no computador. Quando os pais são questionados, dizem: – *Ah! Deixa! Pelo menos tá ali, não está bagunçando!* Os pais se omitem e "é tudo pra cima da escola", afirma.

Alessandra percebe que se tornou comum as crianças chegarem à escola com diversas dificuldades. Isso se deve ao fato de terem sido privadas de viver relações básicas de qualquer ser humano em família. A seguir, um recorte de uma situação em que uma aluna não brincava, pois tinha medo:

> *Já tive casos, este ano mesmo na escola, de uma menina que dizia:* – Profe, meu pai não quer me dar uma bola porque ele não quer que eu brinque. E eu não sei pegar. *Sentia medo! Uma menina de primeira série. Aí eu disse: não, então a profe vai te dar uma bola de presente.* – Meu pai disse que uma bola é muito cara! *Então a profe vai te dar uma bola de presente e tu vai levar a bola pra casa pra ti brincar. A menina não sabia nenhuma atividade que envolvesse bola. Ela tinha medo! Ela não conseguia quicar a bola. Um quique pra ela era... ela nunca brincava!*

Um primeiro aspecto a ser destacado, nessa passagem, é o relato da professora que enfatiza a história de uma criança que tinha medo de brincar com uma bola, pois ela não brincava em casa com os seus pais. Tampouco possuía uma bola para brincar e, por isso, foi presenteada com uma bola pela professora.

É como a criança vive no âmbito da criação de coordenações de ações com suas mães (ou quem a substitua) que vai definir a sua maturidade de consciência como ser humano. Maturana (2004) constatou, em seus estudos, que, em determinados grupos de convivência, a maneira de brincar, entre pais e filhos, mantém-se posteriormente nos lares, estendendo-se também aos irmãos. Isso nos leva a crer que uma criança, em seu desenvolvimento, necessariamente, chegará a ser o que a sua história de interações permitir e de como ela transforma a sua corporeidade nessas interações. Caso isso não ocorra, acontece um desencontro emocional:

> *Se esse desencontro emocional se transforma num modo de viver entre os adultos, o crescimento na incongruência corporal que acontece entre eles conduz a uma contínua redução de seus domínios de mútua aceitação em coordenações consensuais de ações e emoções. O resultado eventual é o sofrimento pela negação mútua recorrente e, no limite, a solidão emocional. A única cura para tal sofrimento é a entrada num espaço de mútua aceitação, o que não pode acontecer a menos que esses adultos tenham aprendido a fazê-lo*

> *enquanto cresciam em relações de brincadeira com suas mães* (MATURANA; VERDEN-ZÖLLER, 2004, p. 150).

As mães ensinam espontaneamente, sem saber que o fazem. Os filhos aprendem com elas o emocionar de sua cultura, na inocência de um coexistir não refletido. E o fazem simplesmente convivendo. Uma vez que crescemos como membros de uma dada cultura, tudo nela nos parece tão adequado e evidente. No entanto, o amar e o brincar foram desdenhados como uma característica fundamental, generativa na vida humana integral. Maturana (2004) afirma que, ao se interferir na relação de total confiança e aceitação entre mãe-filho, destrói-se a relação materno-infantil matrística, produzindo uma dificuldade na criança em crescimento e por fim no adulto, pois:

> *crianças e adultos permanecem na busca infinda de uma relação de aceitação mútua que não aprenderam a reconhecer, nem a viver nem a conservar quando ela lhes acontece. Como resultado disso, crianças e adultos continuam a fracassar sempre em suas relações, na dinâmica patriarcal das exigências e da busca do controle mútuo, que nega precisamente o mútuo respeito e a aceitação que eles*

desejam (MATURANA; VERDEN-ZÖLLER, 2004, p. 81-82).

Um segundo aspecto que venho a destacar, no relato de Alessandra, é a existência de uma criança que não consegue manusear uma bola ao brincar. Assim sendo, no começo de cada ano letivo, a professora faz um trabalho de base para que as crianças aprendam certas habilidades motoras. Vejamos, na seguinte fala, um exemplo da maneira como a professora geralmente procede no início de cada ano letivo:

> *De pré a primeira série, eu sempre começo bem do zero. Eles aprendem a manusear a bola. Eu começo com as bolas pequenas e vou aumentando. Quando chegarem ao quarto bimestre, eles começam vivenciar com as bolas de basquete. Eu me preocupo com essa questão da motricidade: fina e da ampla. Eu tento sempre trabalhar. Eles vão trabalhando esse pouquinho pra ir desenvolvendo porque quando eles chegarem à quarta série eles têm que optar por um esporte na escola. Do pré a terceira, eles terão todas as atividades de recreação comigo e, através da brincadeira, vou introduzindo os esportes. O conhecimento das bolas, tudo isso. Porque chega ao quarto, eles optam ou por vôlei, ou*

> *por futsal ou por dança. Eles têm que ter um conhecimento de tudo.*

A fala da professora evidencia que, desde cedo, as crianças precisam se adaptar às normas burocráticas da escola, bem como adquirir determinadas capacidades e habilidades. Os grupos com os quais trabalha são muito heterogêneos em relação às habilidades motoras: há crianças habilidosas, por já terem maiores vivências; há também aquelas que nunca vivenciaram e, por isso, encontram maiores dificuldades. Enquanto a professora acompanha as primeiras, tenta fazer as últimas participar.

Por exigência da própria matriz curricular da escola, o brincar é direcionado ao desenvolvimento da motricidade e à iniciação desportiva. No decorrer das aulas, ao competirem nas práticas desportivas, torna-se comum surgir constantes conflitos entre os alunos, pois sempre querem ganhar. "Eles não sabem brincar por brincar", afirma Alessandra. A competição entre os alunos é bastante gritante e é atribuída a responsabilidade aos pais e não ao esporte em si, como descreve logo abaixo:

> *Eles não aprenderam ainda a não competir. Tu vê assim, até nas atividades com os pais, nos dias dos pais, tu vê que o reflexo do filho é o reflexo do pai. Tu vê aqueles pais que*

ficam brigando no dia da festa dos pais porque a fila está maior. Porque o pai do fulano não picou a bola. Então, tu vê esse reflexo. Eles trazem isso de casa, sabe. Não chega a ser uma dificuldade, mas é uma coisa que eu acho que não é importante nessa fase, entende? Eu acho que o importante deles é eles aprenderem a trabalhar em conjunto, a se socializarem, aprender a ajudar o próximo. Eu acho que a principal coisa é o aspecto da competição e eles não aceitam porque eles acham que estão sempre competindo. Eles não aceitam que um colega tenha mais dificuldade que o outro, por exemplo: se tu por numa turma lá o Alessandro, o Alexandre e o fulaninho lá que não é legal com a bola. Daí o Alessandro e o Alexandre vão lá e: – ah professora! Mas tu botou esse guri! *Eles não têm ainda essa coisa do companheirismo, sabe! Não generalizando! É claro que têm aqueles que não são assim. Essa coisa da competição, daquele que não faz tão bem quanto o outro.*

Pela fala mencionada, parece que a competição é algo "natural" do ser humano. Particularmente, acredito que o percurso "natural" seja o da cooperação, onde o respeito, por si mesmo e pelo outro, não surge no controle e na exigência, mas na intimidade do encontro corporal, numa relação de total confiança e aceitação mútua. A origem disso se daria na relação materno-infantil ao ser vivida no brincar, o que vem a descortinar o entendimento da vida matrística da infância à vida adulta. Para melhor explicitar sobre o que estou falando, seguem dois exemplos citados por Maturana e Varela (1987).

O primeiro exemplo é o de um filhote de carneiro quando afastado de sua mãe nas primeiras horas de seu nascimento. Este ser vivo, apesar de se desenvolver de maneira normal, aparentemente, acaba por não participar das interações com outros filhotes. Por não saber e não ter aprendido a brincar, como na brincadeira de dar cabeçadas uns nos outros, permanece separado e solitário. O seu sistema nervoso torna-se diferente dos demais como resultado da privação passageira da mãe. A explicação para isso se deve ao fato de que, durante as primeiras horas, após o nascimento dos carneiros, a mãe os lambe continuamente, passando a língua por todo o seu corpo. Ao separar o filhote de sua mãe, está se impedindo essa interação e tudo o que acarreta em termos de estímulo tátil-visual e, provavelmente, de contatos químicos de vários tipos. Isso demonstra como essas interações são decisivas para a transformação estrutural do sistema nervoso, e suas consequências vão além do simples lamber. O mesmo ocorre com nós, seres humanos.

O segundo exemplo é o episódio ocorrido no ano de 1922, na aldeia Bengali, localizada ao norte da Índia. Trata-se da história de duas meninas, uma de cinco e outra de oito anos, que foram criadas por lobos e sem o menor contato com as pessoas. Elas não sabiam andar sobre os pés, não falavam e seus rostos eram inexpressivos. Comiam carne crua, tinham hábitos noturnos, repeliam o contato humano e preferiam a companhia de cachorros e lobos. Apresentavam-se saudáveis e sem nenhuma debilidade mental ou desnutrição. Mas a separação da família lupina causou-lhes uma profunda depressão, sendo que a mais jovem morreu.

A menina mais velha viveu por mais dez anos e acabou por mudar os seus hábitos alimentares e seus ciclos de atividades. Aprendeu a caminhar sobre os dois pés, embora, em casos de urgência, o fizesse de quatro. Conhecia algumas palavras, mas nunca chegou a falar. A constituição genética, anatomia e fisiologia eram humanas. No entanto, as duas meninas nunca chegaram a se acoplar ao contexto humano. Seus comportamentos eram naturais para meninas que cresceram com lobos. Esses dois exemplos mencionados por Maturana e Varela (1987) nos levam a perceber que:

> *O ser humano é constitutivamente social. Não existe o humano fora do social. O genético não determina o humano, apenas funda o humanizável. Para ser humano, é necessário*

> *crescer humano entre humanos. Embora isso pareça óbvio, esquecemos disso ao esquecermos que se é humano apenas nas maneiras de ser humano das sociedades a que pertencemos* (MAGRO; GRACIANO; VAZ, 1997, p. 205-206).

Para Maturana e Varela (1987, p. 269), todo ser vivo começa sua existência com uma estrutura unicelular particular que, com o passar do tempo, passa por uma história de contínuas transformações estruturais. Essa "história das transformações de uma unidade como resultado de uma história de interações a partir de sua estrutura inicial" é definida como ontogenia. É um processo que ocorre sem interromper a identidade nem o acoplamento estrutural do organismo ao meio, desde o início até a desintegração final; ao mesmo tempo, segue um curso particular selecionado pela sequência de mudanças estruturais desencadeadas por sua história de interações.

A competição tem um caráter de negação e anulação do outro. A professora tem encontrado dificuldades ao lidar com o aspecto de competição presente entre os alunos e atribui ao brincar a finalidade de socialização. Para tanto, diz trabalhar de maneira lúdica os fundamentos técnicos e desportivos:

Tudo o que eu faço com eles eu não coloco: agora vocês vão fazer um passe do basquete ou vocês vão fazer um drible. Eu não coloco nada de nomenclatura. Tudo pelo lado lúdico. Tipo assim, uma brincadeira.

A brincadeira seria uma forma de amenizar as duras exigências dos exercícios, portanto, uma estratégia para a aquisição de habilidades motoras na prática dos esportes. A relação existente entre o brincar e o aprendizado estaria também relacionada à prática de atividade físicas que auxiliariam na aprendizagem dos conteúdos de outras disciplinas escolares. Assim explicita:

Tu podes ter certeza que o aluno que não desenvolve bem a atividade física, ele tem problemas dentro da sala de aula.

Reafirma essa fala mais uma vez em outro momento:

Eu acho que tu vê bem o aluno quando ele é bem desenvolvido nesse sentido, da aprendizagem física e da aprendizagem dentro da sala de aula. Eu acho que a gente tem como ajudar porque eles gostam muito da atividade física.

É possível perceber pela fala a visão dualista do sujeito, que separa corpo e mente. Há uma representação da sala de aula como um local onde são trabalhados apenas os conteúdos curriculares. Da mesma maneira, quando uma criança brinca no pátio, na quadra ou no parquinho – é frequente o entendimento de que, naquele instante, está ocorrendo somente aprendizagem física. Nesta perspectiva, o brincar contribuiria no desenvolvimento do aluno, numa perspectiva voltada à saúde e à cognição.

Alessandra acredita que o professor pode contribuir no aspecto emocional dos alunos, afinal, eles gostam de brincar livremente. Ela afirma que trabalha dessa maneira:

> *A gente trabalha muito com o emocional, porque a gente convive mais com a criança quando ela está mais livre, quando ela está desinibida, do que dentro da sala de aula. A gente pode ajudar nesse sentido. Porque tu trabalhando com a criança, fazendo com que ela tenha confiança em ti, que tenha afinidade, tu pode de alguma forma ajudar no caminho dentro da sala de aula.*

Aqui podemos constatar duas coisas: 1) que a criança sai de um modo de disciplina corporal e acaba ingressando em outro; 2) que é na liberdade do brincar que a criança tem a oportunidade em expressar as suas emoções. Vou dar mais ênfase ao segundo aspecto por acreditar que, uma vez proporcionado esse espaço, isso se refletirá em qualquer âmbito que a criança esteja vivendo, seja dentro ou fora da sala de aula; seja dentro ou fora da escola. Pode-se dizer que por toda a vida.

O curso que seguimos, em nossa trajetória e na própria história da humanidade, é o caminho do emocionar. Para Maturana (2004), são as emoções que constituem os distintos domínios de ações que vivemos nas diferentes conversações em que aparecem os recursos, as necessidades ou as possibilidades. Os mundos que construímos com o viver e o modo como vivemos são sempre o nosso fazer, ou seja, é de nossa total responsabilidade. A nossa biologia, o nosso pensar, as nossas crenças, o nosso modo de nos relacionarmos com os outros – tudo isso é um mundo gerado através do amor em nossas relações com os outros.

Esse é o fundamento biológico do fenômeno social: o amor. Definido como a principal emoção do humano. Sem amor, não há socialização e, sem socialização, não há humanidade. Readquirir a capacidade do amar e do brincar é fundamental para aceitar o outro como um ser legítimo na convivência. Podemos viver nosso cotidiano como um contínuo amar e brincar, com "tempo disponível para contemplar a vida e viver o seu mundo sem urgência" (MATURANA; VERDEN-ZÖLLER, 2004, p. 40-41).

4.5 O brincar para Rê

A professora Rê tem 36 anos. É licenciada em Educação Física pela UFSM e trabalha com várias turmas de séries iniciais do Ensino Fundamental, numa escola particular de Santa Maria/RS. Quando criança, viveu no interior de Colorado/RS e diz que a sua infância foi feliz e divertida por ter brincado bastante na rua junto a primos, a amigos e a outros cinco irmãos. Rê atribui aquelas experiências que teve quando criança a muitas das suas atuais práticas docentes.

Igual a toda criança, gostava muito de brincar. Independente do local – fosse a casa ou na escola. Muitas das brincadeiras que aprendia em casa, com irmãos e amigos, ensinava aos colegas da escola para que as pudessem vivenciar no intervalo do recreio. A recíproca também é verdadeira. Aquilo que aprendia na escola era ensinado aos irmãos e amigos para brincar na rua. As brincadeiras eram compartilhadas entre as crianças, o que vinha a possibilitar saber uma diversidade delas, sendo as mais presentes: a amarelinha, as rodas cantadas, o caçador, as Cinco Marias, jogos com bolas e tantas outras por elas criadas. Segundo Maturana e Rezepka (2002), quando uma criança se desenvolve num espaço humano de convivência social desejável, ela torna-se capaz de ser co-criadora com outros, contribuindo, assim, para a sua formação humana.

O passar do tempo não permitiu que as brincadeiras fossem esquecidas. Muito pelo contrário. Foram decisivas no momento da escolha da profissão. Inclusive, a professora diz ter optado por cursar Educação Física, devido ao seu "espírito de brincadeira". Quando ingressou na universidade, já pensava em trabalhar com as crianças e achava importante desenvolver o aspecto da "recreação".

Durante a sua formação acadêmica da professora, foram discutidas algumas questões sobre o brincar nas disciplinas Recreação I, Recreação II e Recreação III. A professora comenta que era uma "parte mais teórica" e por isso não lhe chamava tanto a atenção. Comenta que no curso tinha muita teoria e poucas práticas. Foi na disciplina de Didática que teve alguns momentos para organizar oficinas de brincadeiras, onde aprendia a dar cambalhotas, a criar joguinhos, formar rodas, etc. Tais situações foram muito importantes em sua formação para, posteriormente, trabalhar em suas aulas.

Logo após a realização do estágio profissionalizante, Rê foi contratada pela escola onde realizou o estágio e ali permanece há quinze anos. Iniciou na escola como técnica da equipe de representatividade, sendo a sua principal função ser treinadora de goleiros de handebol. Esse ofício não a realizava. Segue um trecho de sua fala:

Isso me frustrava porque não era o que eu realmente queria. Daí, logo eu consegui uma turma de pequenos pra dar aula. Ali eu me achei mais. Eu via assim, a necessidade que eles tinham de brincar para a turma se integrar – ser mais amigos! Precisavam dessas brincadeiras.

O brincar é percebido pela professora como uma necessidade da criança e algo importante para a integração e conquista de novos amigos. Neste sentido, acredito que o principal propósito da Educação não seja o de preparar cidadãos úteis e responsáveis; estes aspectos devem resultar do crescer da criança no respeito por si mesma e pelos outros e com consciência individual e social (MATURANA; REZEPKA, 2002).

A professora veio a trocar de turma e função na escola, sendo-lhe conferida a responsabilidade aos "pequenos", ou seja, às turmas das séries inicias. Percebeu, assim, que deveria se aprofundar sobre assuntos referentes ao universo infantil. Para tanto, a professora começou a participar de cursos de capacitação, a fazer novas leituras e a selecionar brincadeiras que pudessem estimular o interesse das crianças em participar das aulas. Algo que vem fazendo até então.

Um dos poucos lugares, senão o único, que as crianças têm a chance de brincar é a própria escola. Nesse sentido, a professora percebe que os professores de Educação Física são privilegiados, pois são eles quem mais brincam com os alunos. Então, muitos deles se entusiasmam quando é chegada a hora de suas aulas. Sempre há aqueles que agem com indiferença, mas Rê procura motivá-los com novidades para que se interessem e participem. Algumas das brincadeiras organizadas pela professora são de praxe: o caçador, a queimada e o "coelhinho sai da toca".

No atual contexto, muitos dos alunos de Rê não têm a oportunidade de brincar além dos muros escolares pelos mais diversos motivos. A base dessa maneira de pensar e agir está centrada na produção, típica da cultura ocidental na qual vivemos. Aprendemos a nos orientar para a produção em tudo o que fazemos, como se isso fosse algo natural. Não confiamos nos processos naturais que nos constituem e nos quais estamos imersos como condição de nossa existência. O resultado é que, em geral, enquanto interagimos com as outras pessoas, no caso, as crianças, nossa atenção está voltada mais para além da interação, ou seja, para as consequências que esperamos (MATURANA; VERDEN-ZÖLLER, 2004).

A professora comenta que os alunos brincam pouco ao ar livre, e muito com o computador e com o *video game*. Sobre as "tecnologias das realidades virtuais", Maturana e Rezepka (2002) questionam se elas ajudarão o ser humano a se conservar ou a desaparecer. O que acontecerá com a identidade de cada ser? A identidade do ser humano é relacional e sistêmica. Surge, constitui-se e conserva-se numa dinâmica relacional, na se qual conservam, dinamicamente, entrelaçadas a sua estrutura e às circunstâncias que a tornam possível. Mas não é qualquer estrutura que permite a realização e a conservação de qualquer identidade. Essas perguntas são de extrema relevância, na tentativa de assumir a responsabilidade do uso da tecnologia, no devir e conservação do humano, sem romper a sua intimidade e sem deixar de viver e conservar a "biologia do amor", que nos constitui e nos realiza como seres humanos no decorrer de nossas vidas.

Na escola da professora Rê, não faltam materiais didáticos para desenvolver as aulas. Ela procura desenvolver atividades em "circuitos" utilizando aros, cordas e colchões, onde as crianças são desafiadas a passar por obstáculos. A seguir, um trecho do relato de Rê, onde descreve uma de suas aulas:

> *Se tu colocar material didático e algumas coisas pra eles aprenderem, eles aprendem a ter coordenação. Se eu colocar uns aros ali, brincando, vamos pular amarelinha, saltar com um pé ali, desenvolve a coordenação e é uma brincadeira. Eu acho que o que mais chama a atenção é o material e até as regras da brincadeira. Pequenas brincadeiras assim, tendo regras, eles ocupam regras, espaços até em sala de aula depois eles vão ocupar – espaço, lateralidade.*

Pela fala da professora, percebe-se que a presença de recursos materiais é imprescindível para o bom andamento das aulas e que estas estão relacionadas à aprendizagem de regras e à aquisição/desenvolvimento de habilidades motoras.

A professora procura valorizar as brincadeiras que as crianças trazem para as suas aulas. A partir das explicações dadas pelos alunos, organiza a atividade. Ao proceder dessa forma, um aprende com o outro. Os professores, ao criarem condições para que as crianças se movam, num espaço de relações humanas, pautado na capacidade de reflexão e estruturação de suas próprias ideias, acaba por estabelecer relações de significado próprio – além de instigar a imaginação e de ampliar a relação com o mundo através da sua corporalidade.

Em relação a corporalidade, Maturana (2002, p. 41) afirma que é comum, em nossa cultura, separar corpo e alma, como se fossem entes em oposição. No entanto, "a biologia do amor mostra que o ser vivo é uma unidade dinâmica do ser e do fazer". Com esse entendimento, criam-se aproximações infinitas, que tornam possível a formação humana na educação. A corporalidade está configurada num âmbito cultural vivido em coordenação de fazeres e emoções (conversações) na mútua aceitação. Isso ocorre à medida que a criança cresce na estreita intimidade do encontro corporal, em confiança e total aceitação com a sua mãe ou demais adultos e crianças com as quais convive (MATURANA; VERDEN-ZÖLLER, 2004).

A professora salienta que se torna difícil a aceitação, pela parte da criança, em participar das brincadeiras, à medida que ela vai ficando mais velha. Essa dificuldade, em não querer se envolver com as atividades organizadas pela professora, é atribuída ao grande apreço das crianças ao esporte, que recebe influência da mídia. Conforme na citação:

> *Os pequenos eles aceitam mais. Os da pré-escola até a segunda aceitam mais. Terceira e quarta eles gostam muito de bola, atividade com bola, brincadeira com bola. Eles gostam de pegar, jogar e chutar porque a mídia mostra muito esporte. Então, eles já querem! Pegam a bola de vôlei e já querem vôlei. Pegam uma bola de basquete e já vão procurar a cesta, sabe?! Os maiores, terceira série, já entendem mais de esporte. Os pequenos não. Se não traz nenhum material e vou fazer tal brincadeira eles aceitam mais.*

Para Maturana (2004, p. 83), existe um conflito básico em nossa cultura patriarcal europeia, na luta entre o matrístico e o patrístico que a originou. "Ainda vivemos de modo extremo na transição da infância à vida adulta". Os meninos tornam-se competitivos e autoritários, as meninas, serviçais e submissas, conforme na seguinte citação do autor:

> *Os meninos vivem uma vida de contínuas exigências, que negam a aceitação e o respeito pelo outro, próprios de sua infância. As meninas vivem uma vida que as pressiona continuamente para que mergulhem na submissão, que nega o autorrespeito e a dignidade pessoal que adquiriram na infância.*

Geralmente os "pequenos" aceitam com maior facilidade as brincadeiras que são propostas pela professora. Mas, ao passarem de uma séria à outra, vão deixando de lado as brincadeiras e começam a adquirir o gosto pela prática de esportes, sob influência dos meios de comunicação. Sobre esse assunto, mais uma de suas falas:

> *Aqui no colégio as crianças gostam muito. Não só os pequenos. Os grandes também. Eles gostam muito de esporte. Não competitivo, sabe?! Eles gostam dessa hora de lazer, de descontração. Eles vão lá e encontram os colegas. Tem um contato mais perto isso que é importante.*

Nessa fala, o brincar seria um momento destinado ao encontro de alunos para o lazer e para a descontração. O brincar estaria também relacionado aos esportes cooperativos, quando ditos "não competitivos". Os esportes cooperativos são jogos ressignificados que procuram alterar as regras, com o intuito de possibilitar aos alunos brincar com o outro, e não contra o outro.

A tarefa educacional é uma criação do mundo com o outro, com a circunstância de que nós, professores, somos a principal referência para tal criação, e de que o mundo que nossos alunos criam, em seu viver, sempre surgirá conosco, embora nos pareça alheio (MATURANA; REZEPKA, 2002).

CONSIDERAÇÕES FINAIS

Sendo o conhecimento provisório, minhas conclusões também são provisórias. Esse estudo não é definitivo. Pelo contrário, está aberto a contínuas investigações e a novas perspectivas. Pretendo, portanto, retomar de maneira breve as principais discussões que foram manifestadas, no decorrer do capítulo anterior, para concluir o presente trabalho.

No decorrer dessa pesquisa, as professoras relataram sobre as brincadeiras vivenciadas por elas na infância. Foi possível constatar que elas se lembram com facilidade daquelas brincadeiras realizadas na rua, nos pátios, na casa de seus pais ou avós. No entanto, é menos frequente a recordação das brincadeiras realizadas na escola. Posso concluir disso que as brincadeiras extraescolares foram as mais significativas na vida das professoras.

Foi possível perceber, no decorrer de toda a pesquisa, que muitas das experiências profissionais docentes vão além da formação escolar e/ou acadêmica, pois há outros espaços de significado particular, os quais foram importantes nas suas trajetórias, o que influencia diretamente suas atuais práticas pedagógicas.

Pelas falas das professoras, percebe-se que, na época em que cursaram as licenciaturas, poucas foram as disciplinas, da matriz curricular, que problematizaram ou oportunizaram experiências em relação ao brincar. A maioria das disciplinas era direcionada à aprendizagem técnica do tema deste livro: o brincar.

Quando o brincar se fazia presente, era geralmente apresentado e discutido como um recurso pedagógico. Neste sentido, concluo que, no que diz respeito à formação docente, a iniciativa das professoras sempre foi um fator importante para a sua própria autoaprendizagem e autoformação. Talvez, até mais que a formação inicial.

O brincar vem sendo entendido pelas professoras como um recurso, um método ou uma estratégia pedagógica para se obter um determinado fim. O brincar seria um meio e não um fim em si mesmo. Nesse sentido, o brincar tem a função de disciplinar e orientar os alunos para a aprendizagem de alguma coisa, a exemplo do letramento, socialização, integração ou recreação. Ainda, o brincar teria a função de amenizar a dureza na aprendizagem dos conteúdos ou ocupar o tempo de forma "saudável".

Quero ressaltar que esta pesquisa não teve como objetivo fazer um estudo comparativo entre as representações sobre o brincar manifestadas pelas professoras de Pedagogia e de Educação Física. Contudo, algumas questões ficaram evidentes nas entrevistas. Como por exemplo:

- Quando as pedagogas falavam sobre o brincar, geralmente, referiam-se aos jogos didáticos, realizados em sala de aula;
- Já as professoras de Educação Física, quando se referiam ao brincar, associavam-no geralmente aos esportes realizados no pátio e na quadra ou a atividades físicas.

Para as professoras de Pedagogia, o brincar foi destacado como um sinônimo de elaboração de jogos para a aprendizagem de matemática, alfabetização, etc. Uma das maneiras que o professor tem para instigar o aluno a aprender os objetivos propostos. Já para as professoras de Educação Física, o brincar é entendido como um meio para as crianças adquirir/aperfeiçoar habilidades motoras (lateralidade, equilíbrio, coordenação) ou para a aprendizagem dos esportes. Isso nos leva a crer que o brincar sempre tem que ter um objetivo por trás.

Por mais que as professoras entrevistadas criticassem o aspecto da competitividade e da cognição, percebo que há uma grande dificuldade para a mudança de entendimento sobre o brincar, uma vez que se formaram nessa perspectiva. Isso dificulta para que elas percebam o brincar como um "fundamento do humano", como defende Maturana e que foi referência neste livro.

Podemos perguntar, portanto: se as professoras de Pedagogia se preocupam com a aprendizagem do letramento e as professoras de Educação Física se preocupam com a aquisição de habilidades motoras ou aprendizagem dos esportes, então, quando e quem vai brincar livremente com as crianças?! Isso nos leva a pensar que reconhecer o brincar, em sua legitimidade educativa e, consequentemente, mudar a conduta docente não é algo fácil. Pelo contrário – é um desafio.

Acredito que é possível estabelecer diálogos entre as diferentes áreas do conhecimento. Como seres vivos integrantes do ambiente, podemos optar por uma terceira via de acesso em nossas decisões, sem ter que ser aquelas já apresentadas. No caso do brincar: a psicologia ou a psicomotricidade. Isso implica pensar, permanentemente, a formação daquele profissional que atua na escola para que se recuperem duas dimensões importantes do devir humano: o amar e o brincar. Ao viver estas duas dimensões no cotidiano, as crianças não precisariam ter que aprendê-las ou os professores teriam de ensiná-las de maneira especial, pois seriam vividos a partir da convivência, sem serem retomadas nos momentos de sua negação. A imagem da escola, como um local de obrigação ou dever, seria substituída por uma escola de todos, especialmente das crianças.

A mudança de compreensão sobre o brincar pode contribuir para inverter a lógica utilitarista e competitiva do processo educativo. Esta pesquisa, ao se apoiar nas contribuições de Humberto Maturana, mostra-nos que se faz necessário pensar com as crianças formas e maneiras de convivência, para que elas sejam incentivadas a crescerem integradas à sociedade, como seus membros, e não apenas submetidas a ela. Criar-se-iam, assim, espaços de atuação pautadas na responsabilidade e liberdade na comunidade que pertencem. Com isto, estaríamos contribuindo para a vivência de valores e não apenas na sua aceitação e/ou aprendizagem.

Através das entrevistas, ficou evidenciado que as professoras percebem que os alunos estão brincando menos fora da escola e mais dentro dela. Infelizmente, as brincadeiras tornaram-se individualizadas e utilitaristas. Acredito que isso possa ser revertido à medida que estivermos dispostos a refletir sobre a nossa formação e querer colocá-la explicitamente em constante diálogo com as outras áreas do conhecimento.

O contexto escolar possui um potencial de experiências insubstituíveis, capaz de criar espaços relacionais de aprendizagem. Esta é a fundamentação que uso para destacar o emocionar como uma possibilidade de aprendizagem humana, e a valorização do amar e do brincar como um princípio educativo para a construção do conhecimento. Com essa compreensão, entendo que o amar e o brincar são um processo contínuo que dura toda a vida, viabilizando a coexistência pacífica entre os diferentes. Por isso, as atividades realizadas pelos professores devem ter o mínimo de regras possíveis e a máxima liberdade de expressão.

Sob a ótica da biologia do amor, os currículos dos cursos de licenciatura poderiam ser reestruturados e abrir espaço para a discussão desse tema, no sentido de buscar sensibilizar os professores em sua formação, mobilizando a emoção para uma formação humana mais solidária e para um modo de vida centrado numa relação de aceitação mútua, de confiança e de compartilhamento.

A biologia do amor traduz a dinâmica relacional constitutiva do humano, que se expressa na aceitação do outro no seu legítimo outro, o que implica querer educar, integrando o sentir, o pensar e o agir, razão e emoção, enfim, a tentativa em querer resgatar a "multidimensionalidade" do ser. Para alcançar esse objetivo, é necessário criar um espaço acolhedor e amoroso, não competitivo, onde se corrija o fazer em contínuo diálogo com o ser.

Para se implementar o ensino na Biologia do Amor, deve-se dar maior atenção à formação humana, na formação de professores, bem como ampliar e aprofundar a sua capacitação na atividade e reflexão daquilo que ensinam (MATURANA, 2002).

REFERÊNCIAS BIBLIOGRÁFICAS

ABRAHAM, A. [Org.]. **El Enseñante es también uma persona:** conflictos y tensiones en el trabajo docente. Barcelona: Gedisa, 1986.

ALARCÃO, I. [Org.]. **Escola reflexiva e nova racionalidade.** Porto Alegre: Artmed, 2001.

ANDRADE, M. **Macunaíma:** o herói sem nenhum caráter. 20ª edição. Belo Horizonte, MG: Itatiaia, 1984.

ANTUNES, H. S.; BARCELOS, V. H. L.; OLIVEIRA, V. F. Imaginário, representações sociais e formação de professores(as): entre saberes e fazeres pedagógicos. *In*: **Revista do Centro de Educação.** Vol. 29 – nº 2, Edição 2004, p. 51-66

ARROYO, M. **Imagens Quebradas**: trajetórias e tempos de alunos e mestres. Petrópolis, RJ: Vozes, 2004.

BARCELOS, Valdo. **Formação de Professores para educação de jovens e adultos.** Petrópolis, RJ: Vozes, 2006a.

_____. Por uma ecologia da aprendizagem humana – o amor como princípio epistemológico em Humberto Romesín Maturana. *In*: **Revista de Educação/PUCRS.** Porto Alegre: Ano XXIX, nº 3 (60). Set./Dez. 2006b. p. 581-597.

_____. **Império do Terror**: um olhar ecologista. Porto Alegre: Sulina 2004a.

_____. Educação ambiental, infância e imaginação – uma contribuição ecologista à formação de professores(as). *In*: **Quaestio-Uniso:** Revista de Estudos de Educação. Sorocaba, SP: 2004b, v. 6 nº 1. p. 33-45.

_____. **Texto Literário e Ecologia:** a contribuição das ideias de Octávio Paz às questões ecológicas contemporâneas. 2001. 223f. Tese (Doutorado em Educação) – Universidade Federal de Santa Catarina, 2001.

BARTHES, R. **Mitologias.** 9ª ed. Rio de Janeiro: Bertrand Brasil, 1993.

BENJAMIN, W. **Reflexões**: a criança, o brinquedo, a educação. São Paulo: Summus, 1984.

BRASIL. Constituição (1988). **Constituição da República Federativa do Brasil**: promulgada em 5 de outubro de 1988: atualizada até a Emenda Constitucional nº 20, de 15-12-1998. 21ª ed. São Paulo: Saraiva, 1999.

_____. Secretaria de Educação Fundamental. **Parâmetros Curriculares Nacionais:** Educação Física/ Secretaria de Educação Fundamental. Brasília: MEC/SEF, 1997.

_____. Lei Federal nº 8.069/90. **Estatuto da criança e do adolescente**. Santa Maria, RS: Pallotti, 2001.

BUJES, M. I. Criança e Brinquedo: feitos um para o outro? *In*: COSTA, M. V.; VEIGA-NETO [Org.]. **Estudos Culturais em Educação**: mídia, arquitetura, brinquedo, biologia, literatura, cinema... Porto Alegre: Editora da UFRGS, 2004. p. 205-228.

CALAME, P. **Missão Possível:** pensar o futuro do planeta. Itajaí: Ed. UNIVALI, 2001.

CAMPOS, J. T. As políticas de formação dos professores paulistas antes, durante e depois da pedagogia tecnicista. **Revista E-Curriculum**, São Paulo, v. 1, nº 1, dez.-jul. 2005-2006. Disponível em: <http://www.pucsp.br/ecurriculum>. Acesso em: 20 jan. 2007.

CARRASCOSA, J. Análise da Formação Continuada e permanente dos professores de Ciências. *In*: MENEZES, L. C. [Org.]. **Formação continuada de professores de ciências no contexto Ibero-americano**. Campinas/SP: Autores Associados, 1996.

CASTELLANI FILHO, L. **Educação Física no Brasil**: a história que não se conta. Campinas, SP: Papirus, 1988.

CAILLOIS, R. **Os jogos e os homens**: a máscara e a vertigem. Lisboa: Cotovia, 1990.

COLETIVO DE AUTORES. **Metodologia do ensino da Educação Física**. São Paulo: Cortez, 1992.

CORTESÃO, L. Formação: algumas expectativas e limites. *In*: **Inovação**. Revista do Instituto de Inovação Educacional. Lisboa: Ministério da Educação, 1991.

COSTA, M. V. Velhos temas, novos problemas – a arte de perguntar nos tempos pós-modernos. *In*: COSTA, M. V. [Org.]. **Caminhos Investigativos III:** riscos e possibilidades de pesquisar nas fronteiras. Rio de Janeiro: DP&A, 2005. p. 199-216.

_____. Caminhos investigativos: novos olhares na pesquisa em educação. *In*: COSTA, M. V. [Org.]. **Caminhos Investigativos I:** novos olhares na pesquisa em educação. 2ª edição. Rio de Janeiro: DP&A, 2002a. p. 13-22.

_____. Uma agenda para jovens pesquisadores. *In*: COSTA, M. V. [Org.]; VEIGA-NETO, A. (et al.). **Caminhos Investigativos II:** outros modos de pensar e fazer pesquisa em educação. Rio de Janeiro: DP&A, 2002b. p. 143-157.

CASTORIADIS, C. **As encruzilhadas do labirinto I:** os domínios do homem. Rio de Janeiro: Paz e Terra, 1987.

CUNHA, M. Profissionalização Docente: contradições e perspectivas. *In*: VEIGA, I.; CUNHA, M. [Org.].

Desmistificando a profissionalização do Magistério. Campinas: Papirus Editora, 1999. p. 127-148.

DAMÁSIO, A. **O erro de Descartes**: emoção, razão e cérebro humano. São Paulo: Companhia das Letras, 1996.

FORQUIN, J. **Escola e cultura**: as bases sociais e epistemológicas do conhecimento escolar. Porto Alegre: Artes Médicas, 1993.

FORTUNA, T. Jogo e Educação: o que pensam os educadores. In: ANTUNES, H. S. [Org.]. **Trajetória Docente**: o encontro da teoria com a prática. Santa Maria, RS: Universidade Federal de Santa Maria, Centro de Educação, Departamento de Metodologia de Ensino, 2005.

FREIRE, J. B. **O jogo:** entre o riso e o choro. Campinas: Autores Associados, 2005.

FREIRE, P. **Pedagogia da autonomia**: saberes necessários à prática educativa. São Paulo: Paz e Terra, 1996.

_____. **Política e educação.** São Paulo: Cortez, 1993.

FULLAN, M.; HARGREAVES, A. **A escola como organização aprendente:** buscando uma educação de qualidade. 2ª ed. Porto Alegre: Artes Médicas, 2000.

GAUTHIER, J. A Sociopoética: caminho pela desconstrução da hegemonia instituída na pesquisa. *In*: GAUTHIER, J.; FLEURI, R. M.; GRANDO, B. S. [Orgs.]. **Uma pesquisa sociopoética:** o índio, o negro e o branco no imaginário dos pesquisadores da área de educação. Florianópolis; UFSC, 2001

GHIRALDELLI JÚNIOR, P. **Educação Física Progressista.** São Paulo: Loyola, 1988.

GIL VILLA, F. **Crise do professorado**: uma análise crítica. Campinas, SP: Papirus, 1998.

GILLY, M. As Representações Sociais no campo da Educação. In: JODELET, D. [Org.]. **As representações Sociais.** Rio de Janeiro: EdUERJ, 2001. p. 321-342.

GOERGEN, P. Teoria da Ação Comunicativa e Práxis Pedagógica. *In*: **Sobre filosofia e Educação**: subjetividade e intersubjetividade na fundamentação da prática pedagógica. Passo Fundo, RS: Editora UPF, 2004, p. 111-151.

GOMES, R. A análise de dados em pesquisa qualitativa. *In*: DESLANDES, S. F.; MINAYO, M. C. S. [Org.]. **Pesquisa Social:** teoria, método e criatividade. Petrópolis, RJ: Vozes, 1994.

GÓMEZ, P. **A cultura escolar na sociedade neoliberal.** Porto Alegre: ARTMED, 2001.

GONÇALVES, M. A. **Sentir, pensar, agir:** corporeidade e educação. Campinas: Papirus, 1994.

GUARESCHI, P. [Org.]. **Os construtores da Informação**: meios de comunicação, ideologia e ética. Petrópolis, RJ: Vozes, 2000.

HALL, S. **A identidade cultural na pós-modernidade.** Rio de Janeiro: DP&A, 2005.

HARGREAVES, A. **Aprendendo a mudar:** o ensino para além dos conteúdos e da padronização. Porto Alegre: ARTMED, 2002.

HUIZINGA, J. **Homo Ludens:** o jogo como elemento da cultura. 4ª ed. São Paulo: Perspectiva, 2000.

JODELET, D. Representações Sociais: um domínio em expansão. In: JODELET, D. [Org.]. **As representações Sociais.** Rio de Janeiro: EdUERJ, 2001. p. 17-44.

KISHIMOTO, T. M. **Jogos infantis:** o jogo, a criança e a educação. Petrópolis: Vozes, 1993.

KNACKFUSS, C. **Chances e restrições de movimento de crianças moradoras na região central da cidade de Santa Maria.** 2002. 210f. Tese (Doutorado em Ciência do Movimento Humano) – Universidade Federal de Santa Maria, 2002.

KUNZ, E. **Transformação Didático-Pedagógica do Esporte.** 5ª ed. Ijuí: Unijuí, 2003.

LARROSA, J. **Pedagogia profana:** danças, piruetas e mascaradas. Belo Horizonte: Autêntica, 2000.

_____. Tecnologias do eu e educação. *In*: SILVA, T. T. [Org.]. **O sujeito da educação.** Petrópolis: Vozes, 1994.

LEIF, J.; BRUNELLE, L. **O jogo pelo jogo.** Rio de Janeiro: Zahar, 1978.

LIMA, E. F. O curso de pedagogia e a Nova LDB: vicissitudes e perspectivas. *In*: MIZUKAMI, M. G. N.; REALI, A. M. M. R. **Formação de professores, práticas pedagógicas e escola.** São Carlos, SP: UFSCar, 2002.

MADEIRA, M. C. Um aprender do viver: educação e representação social. *In*: MOREIRA, A.S.P.; OLIVEIRA, D.C. [Org.]. **Estudos Interdisciplinares de Representação Social**. Goiânia, GO: AB Editora, 2001.

MAGRO, C.; GRACIANO, M.; VAZ, N. [Org.]. **A Ontologia da realidade**. Belo Horizonte: UFMG, 1997.

MARCELLINO, N. C. **Pedagogia da animação**. Campinas: Papirus, 1990.

MARÍN, F. Humberto Maturana y el Conflicto Estudiantil: Los Jóvenes Buscan darle sentido a sus vidas. *In*: **La Nación**, Argentina, 2006. Disponível em: <http://www.lanacion.cl/prontus_noticias>. Acesso em: 25 jun. 2006.

MATURANA, H. **Cognição, ciência e vida cotidiana**. Belo Horizonte: UFMG, 2001.

_____. **Emoções e linguagens na educação e na política**. Belo Horizonte: Editora UFMG, 1998.

_____. **O que é ensinar?... Quem é um professor?** Chile, 1990. Disponível em <http://somaie.vilabol.uol.com.br/maturana2.html>. Acesso em: 25 jun. 2006.

MATURANA, H.; REZEPKA, S. N. **Formação humana e capacitação**. Petrópolis: Vozes, 2002.

MATURANA, H.; VARELA, F. **A árvore do conhecimento**. Campinas: Editora Psy, 1987.

MATURANA, H.; VERDEN-ZÖLLER, G. **Amar e brincar**: fundamentos esquecidos do humano do patriarcado europeu à democracia. São Paulo: Palas Athena, 2004.

MAZZOTTI, A. J. Representações Sociais: aspectos teóricos e aplicação à educação. *In*: **Em Aberto**. Ano 14. nº 61, Jan./mar. Brasília: 1994, p. 60-79.

MEDINA, J. P. **A Educação Física cuida do corpo e... "mente"**: bases para a renovação e transformação da Educação Física. Campinas: Papirus, 1987.

MORIN, E. Articular os Saberes. *In*: ALVES, N.; GARCIA, R. L. [Org.]. **O sentido da Escola**. 2ª Edição. Rio de Janeiro: DP&A, 2000.

_____. **Introdução ao pensamento complexo**. Lisboa: Instituto Piaget, 1992.

MOSCOVICI, S. **Representações sociais:** investigações em psicologia social. Petrópolis, RJ: Vozes, 2003.

_____. Das Representações Sociais às Representações Coletivas: elementos para uma história. In: JODELET, D. (org.). **As representações sociais.** Rio de Janeiro: EdUERJ, 2001. p. 45-66.

NOVAES, R. R. Um olhar antropológico. *In*: TEVES, N. [Coord.]. **Imaginário Social e Educação**. Rio de Janeiro: Gryphus: Faculdade de Educação da UFRJ, 1992.

NÓVOA, A. Os professores e o "novo" espaço público da educação. *In*: **Educação e Sociedade:** perspectivas educacionais no século XXI. GONÇALVES, R. A. et al. [Org.]. Santa Maria: UNIFRA, 2006.

_____. A Formação Contínua entre pessoa--professor e a organização-escola. *In*: **Inovação**. Revista do Instituto de Inovação Educacional. Lisboa: Ministério da Educação, 1991.

ORTEGA Y CASSET, J. **Obras completas**. 7ª ed. Madrid: Ediciones de la revista del occidente, 1970, v. 5.

PAVÍA, V. [Org.]. **Jugar de um modo lúdico:** el juego desde la perspectiva del jugador. Buenos Aires: Centro de Publicaciones Educativas Y Material Didáctico, 2006.

PIAGET, J. **A formação do símbolo na criança**: imitação, jogo e sonho, imagem e representação. 2ª ed. Rio de Janeiro: Zahar, 1975.

RANGEL, M. Representação social e Educação Física: o fenômeno, a teoria, a participação na pesquisa do imaginário. *In*: VOTRE, S. J. [Org.]. **Imaginário & representações sociais em educação física, esporte e lazer.** Rio de Janeiro: Gama Filho, 2001.

_____. Das dimensões da representação do "Bom Professor" às dimensões do processo de ensino-aprendizagem. *In*: RANGEL, M. & TEVES, N. [Org.]. **Representação social e educação:** temas e enfoques contemporâneos de pesquisas. Campinas: Papirus, 1999.

REIGOTA, M. **Meio Ambiente e representação social.** São Paulo: Cortez, 1995.

SALVADOR, C. C. **Aprendizagem escolar e construção do conhecimento.** Porto Alegre: Artes Médicas, 1994.

SANTIN, S. **Educação Física:** uma abordagem filosófica da corporeidade. Ijuí: UNIJUÍ, 1987.

SANTOS, B. S. **A crítica da razão indolente**: contra o desperdício da experiência. São Paulo: Cortez, 2002a.

_____. O fim das descobertas imperiais. *In*: SGARB, P.; OLIVEIRA, I. B. [Org.]. **Redes Culturais, diversidades e educação**. Rio de Janeiro: DP&A, 2002b. p. 19-36.

TARDIF, M.; LESSARD, C. **O trabalho docente**: elementos para uma teoria da docência como profissão de interações humanas. Petrópolis, RJ: Vozes, 2004.

TARDIF, M. **Saberes docentes e formação profissional**. Petrópolis, RJ: Vozes, 2002.

TONUCCI, F. **Quando as crianças dizem:** agora chega! Porto Alegre: Artmed, 2005.

UNICEF. **A Convenção sobre os direitos da criança**. Assembleia Geral nas Nações Unidas: Portugal, 1989.

VEIGA, I. P. A. **Docência:** uma construção ético-profissional. Campinas, SP: Papirus, 2005.

VYGOTSKY, L. **A formação social da mente**. São Paulo: Martins Fontes, 1989.

WINNICOTT, D. **O brincar e a realidade**. Rio de Janeiro: Imago Editora, 1975.